渡辺豊和

バロックの王
織田信長

悠書館

バロックの王 織田信長——目次

序章　信長に纏いつくデーモン

叡山焼き討ちはハルマゲドンか

日本史上最高の天才といえば織田信長、神童は聖徳太子となろう。その信長は天文三（一五三四）年尾張で生まれ、永禄三（一五六〇）年、尾張桶狭間で今川義元二万五〇〇〇の大軍をその十分の一にもみたない軍勢、二〇〇〇弱で破って義元を討ち果たしたのが二十七歳。奇跡の勝利として名高い。それから七年後、三十四歳で美濃を征服し上京、足利義昭を十五代将軍に押し立てた。これ以後、北近江の浅井長政、越前の朝倉義景との対立抗争が激化していく。

北近江路は美濃岐阜に本拠を移した信長にとっては京と岐阜をつなぐ要路だから、ここに敵対勢力があっては都合が悪い。ところがここの大名浅井長政とさまざまな紆余曲折のすえ敵対関係となり、これを越前の大大名、朝倉義景が後援した。

信長は流浪の足利義昭を引き取り、上京させ、将軍位につけたことで、将軍後見者として一拠に権威を手中にした。だから永禄十（一五六七）年以降、信長は事実上の「王」である。当時日本に来ていたイエズス会の宣教師フロイスはそう呼んでいる。とはいえ、信長が支配できている領域は尾張、美濃の全域以外は近江の大部分と京、堺といった都市だけであり、とうてい天下の権を握っているといえる状態にはなっていない。ただこの当時、まだ将軍の命令はそれなりの功を奏した。大名同志の戦いを中止させ、講和をもたらすこともできた。信長はその権威を借り、自分が支配する領土に近接する大名を服属させていった。

そうしたなかで浅井、朝倉との敵対は変わらず、一度は元亀元（一五七〇）年、上京して三年目には近江姉川の戦いで大勝利をおさめたが、両氏ともしぶとい。そう簡単には屈しない。信長も浅井の小谷山城を包囲するのだが、越前とは山続き、朝倉氏が容易に救援にかけつけられた。

そうこうしているうちに、将軍足利義昭も信長の傀儡にあき足らず、自立の意志を明確にしはじめる。将軍になって四年もたてば、諸国の大名との通信、交通も密度が高くなってくる。諸大名も、天下統一の野望をあらわにしはじめた信長を警戒する。ここで諸大名と将軍義昭の利害が一致する。諸大名の中心になったのが武田信玄だった。

「桶狭間」の翌年にあたる川中島の壮絶な決戦（一五六一年）も一進一退で引き分けた上杉謙信との抗争も一段落し、北条氏康との同盟も確固とし、また駿河の今川家も滅ぼし、上洛をめざす準備が完成したのが元亀二（一五七一）年だった。信長上京五年後のことである。

信玄の北条氏康との同盟は前年であって、将軍義昭は信玄の目的が上洛に傾いていることを察知し、西は毛利、東は武田と連絡し、遠大な信長包囲網を形成しつつあった。姉川の戦いで息も絶えだえの浅井・朝倉に信長討ちをけしかける。両氏は義昭の要請に呼応し、比叡山麓坂本に討ってでる。これを迎え撃つと、この両氏は比叡山上に逃げ、比叡山の僧兵が助ける。信長は山を包囲し浅井・朝倉を下山させようとするが、比叡山は拒否。

このとき信長は、自分の提案が呑めないなら根本中堂、山王二十一社をはじめとして、一山ことごとく焼き払うと警告しておいた。それでもこの年は、支配領域でもあった伊勢で、こともあろうに尾張の隣接地、長島一向一揆の徹底した抵抗にあい、自分の弟信興を討ち死にさせている。これでさすがの信長も少しはひるみ、浅井・朝倉と講和。比叡山はことなきをえた。しかし信長はいつまでも手をこまねいてはいない。元亀二年九月になって比叡山焼き討ちを実行する。

九月一二日、信長公は叡山に押し寄せ、根本中堂、山王二一社をはじめ霊、霊社僧坊経巻など一堂一宇余さず焼き払った。（中略）山下の老若男女はあわてふためき右往左往して逃げまどい、取るものも取りあえず、みなはだしで八王子山（日吉大社の北方、奥宮がある）に逃げのぼり、あるいは社内に逃げこむ。それを追うようにして、兵が四方からときの声をあげながら攻め立てる。僧俗、児童、学僧、上人すべて捕らえてきて首をはね、信長公にお目にかける。（中略）

このほかにも美女、小童らを数えきれぬほど捕らえて、信長公の御前へ連れて参る。

「悪僧は首をはねられてもいたしかたありません。私どもはお許しください」と口々に哀願するのもなかなかお許しにはならず、ひとりひとり首を落とされた。目もあてられないありさまであった。数千の死体があたりかまわずちらかり、まことに哀れななりゆきであった。

（太田牛一原著、榊山潤訳『信長公記』教育社）

なんの誇張も飾りもない描写で、事実を淡々と述べている感じである。牛一は信長の家臣だが右筆ではない。武将で数々の戦いに参加し武功をあげている。だから「信長公」は絶対君主。その信長がなした、武器一つもたない僧俗、児童などを手あたりしだい撫で切りにした残酷無道を批判することはしない。もしこれが反対勢力の筆になったら、こんな生やさしい描写ではあるまい。無間地獄といいふらし、この世も終わりと嘆き、さらに信長の残酷非情を筆をきわめて批難したに違いない。

当時この無間地獄の様を伝え聞いた山科言継は日記にこう記す。

織田弾正忠、暁天より上坂本を破壊、放火。次いで日吉神社残らず、山上の東塔、西塔、寺寺残らず放火し、山衆ことごとく討ち死にするという。大宮辺、八王子両所はまぬがれる。数度軍があり、ことごとく討ち取る。講堂以下、諸堂放火、僧俗男女三、四千人切り捨てる。堅田等にも放火。仏法破滅。何いうすべもなし、すべきもなし。王法はどうなるのか。大講堂、中堂、谷谷の伽藍、一宇残さず放火するという（九月十二日条）。織田弾正忠、叡山、横川、アウギ、ミナ上、その辺東塔の焼け残り等、ことごとく放火（九月十三日条）。叡山残坊少々放火（九月十四日条）。山上残りの坊も放火おわる（九月十五日条）。

山科言継は貴族であるから、新興勢力である信長に好感を抱いていたはずはない。しかしそれでも敵意むきだしではない。冷静に事態を受け止めているかにみえる。それでも仏法は破滅し王法は今後どうなりゆくのかと嘆息している。平安時代以降、王朝を思想的に支配したのは仏教であり、仏教を中核に政治、すなわち王法も展開されてきた。それを僧俗、建物、経巻ことごとく灰燼に帰してしまったのだ。まさに伝統、権威の破壊。こんなことは今までまったくなかったことだ。この世はもうおしまいではないかと、おろおろしている気分が如実に伝わってくる。

信長は仏教を嫌悪し、キリスト教を受け入れ布教を許し、宣教師と親しくつきあったのはよく知られている。それでは、その宣教師は叡山焼き討ちをどうみていたのか。ルイス・フロイスは信長の行為を神、仏に対する異常な憎悪のせいだとしていて、叡山焼き討ちだけではなく長島一向一揆との戦い、大坂石山本願寺攻めなどをほめたたえている。

それでも、叡山焼き討ちの二年後、将軍義昭が信長に反旗をひるがえし二条城にたてこもったとき、信長が上京《かみぎょう》を焼き払った事について、フロイスは次のように書きとめている。

（前略）

恐るべき戦慄的な情景が展開され、全上京は深更から翌日まで、同地にあったすべての寺院、僧院、神、仏、財宝、家屋もろとも焼失し、確認されたところでは、周辺の平地二、三里にわたって五十ケ村ほど焼け、（最後の）審判の日の情景さながらであったという。（フロイス『日本史4』松田毅一、川崎桃太訳　中央公論社）

上京焼き討ちは、人命が目立ってそこなわれたわけではない。僧が兵士や盗賊のおいはぎにあったり虐待や拷問にもあった。また普通の男女、子供たちからもものを奪い、さらに虐待行為もしたが、命を奪うまでには至っていない。それでもフロイスは最後の審判の日みたいだといっている。それなら叡山焼き討ちの実相を知ったらどういったのか。信長の行為をハルマゲドンといわなかっただろうか。

ハルマゲドンとはいわないが、当時の日本人でも似た意識で事件をみた人物がいる。武田信玄はこう言っている。

信長は逆乱を企て山上山下を焼亡させた。諸仏、建物など破却。前々から私することはなはだしく栄華を極める。人は閉口し眉をしかめていた。それにかてて加えて仏法王法を破滅。天魔、破旬、変化の所行である。

要するに、信長の行為は仏法、王法を破滅させた天魔であり破旬《はじゅん》（仏教の悪魔）であり変化《へんげ》（お化け）の所行であるとみていた。

信玄は反信長勢力の首魁である。叡山焼き討ちをできるだけ悪宣伝しようとしているのは確かだが、それでも信長を恐怖心をもって眺めている様子が、この文章から充分みてとれる。

それではハルマゲドンの本家本元のキリスト教でそれがどう描写されているのか。

以下にノストラダムスで一時話題になった五島勉が『大予言』（祥伝社）で要領よくまとめているのでそのまま引用する。世界破局の様子である。（　）内は筆者。

その前に、空から毒物や毒の星が降ってくる。それで世界の水の三分に一が汚され、みどりの三分の一が失われ、多くの人の体が冒されて死ぬ。（まるでベトナム戦争時の枯葉作戦だ）

同時に大きなカマドから出るように煙が立ち昇り、太陽も月も暗くなり、人々それを吸って苦しむ。（空中からの毒ガス撒布か）

また中東のユーフラテス川をはさんで、四つの勢力による大戦が起こる。（信長の叡山焼き討ちにたとえたら中東は畿内にあたる）

そのとき、さらに東の方から中東に乗り込んでいく王たちもいる。

あげく、イスラエル北部のハルマゲドンという場所を中心にして、世界中の軍隊が戦闘態制に入る最終段階が来る。

一方、大自然の天変地異も続き「ある都」が大地震に襲われ、七〇〇〇人が死ぬ。さらに「大いなるバビロン」と呼ばれる驕りの大都会（信長における比叡山）も「人類始まって以来の超激震」に襲われ、三つに裂けて崩れて焼き尽きる。

こうした大災害や大戦で、それまでの世界が滅びるとき、イエスが天から再臨してくる。イエスに統治される新しい都エルサレムが作られる。そこでイエスの思し召しにかなった人々だけが幸せに暮らすようになるのである。（『新約聖書』「ヨハネの黙示録」一一～二十二章）

信長の叡山焼き討ちがハルマゲドンなら、信長はイエスであるのかもしれない。そんな意識が彼になかったとはいえまい。何せフロイスなどの宣教師を通じて聖書には精通していた可能性が高いのだから。ともあれそれは本書の今後の展開にゆだねられよう。

最終戦争（ハルマゲドン）はイエス死後の預言者ヨハネだけが予言しているのではない。イエス誕生のはるか以前の人々も、何代かにわたって予言し続けている。それは旧約聖書に登場する。

紀元前五〇〇年頃にエゼキエルとダニエル。紀元前二〇〇年頃にゼカリヤ。ちなみにヨハネが黙示録を書いたのは紀元後九〇年頃のことである。

三人の預言とも、最終戦争のあとメシアがあらわれ、真の信徒（選ばれた人々）だけが救済され、のち幸福に暮らすとある。ただし全人口のほんの一握りの人々だけだ。戦争の様相はまるで現代か近未来の戦争を思わせ、飛行機はもちろんのこと、化学兵器を思わせるものが使用され、人類のほとんどが死ぬことになっている。しかも自然は毒物で汚染され、空には地上から砕け散ってきた塵埃がおおい、昼なお暗い日々が続く。

疑惑の「本能寺」

叡山焼き討ちから十一年、信長は天正十（一五八二）年六月二日、家臣の明智光秀に京の宿舎本能寺を襲われ、あえない最後をとげる。供回り小姓衆二〇〜三〇人を引き連れての宿泊であって、京の近辺にいた家臣武将は光秀だけで、その隙をつかれたわけだ。

その光秀も、それから十一日後の六月十三日には、備中の戦陣から疾風怒濤の如く大返ししてきた羽柴秀吉に山崎合戦で敗れ、「三日天下」に終わる。

光秀は本当に天下を取りたかったのか。あまりにあっけない結末と準備のなさから、光秀の目的はなんだったのか、今もって謎とされている

私は『異人秀吉』（新泉社、一九九六年）で、信長殺しの真の犯人は朝廷だと書いた。私以前にも

そう書いた人はいただろうが、九六年当時ではごく限られた少数意見だった。二〇〇八年現在では、通説とまではいかなくとも、多数あらわれているらしい。

このとき考えたのはごく簡単な理由だった。信長が死んで一番得をしたのはだれか。それは光秀を滅ぼした秀吉に違いない。しかしあのとき備中で中国地方の巨大大名毛利氏と戦闘中の彼は信長殺しのできる状況にはない。次に得したのは朝廷に違いない。

天正十年当時、信長は従二位、右大臣、右大将などの官位をすべて返上し、無位無官だった。彼は朝廷から官位などもらう必要を認めていなかった。天皇制を廃して自分が帝王になろうと思っていた節が濃厚だ。だから朝廷はあわてた。

信長がかつて最も望んでいた征夷大将軍を打診したが、拒否される。その他、太政大臣など考えられる官位を申し出たが、すべてにべもなくことわられた。いつ天皇制が廃止されてもおかしくない状態だった。

さらに安土城天主閣の下に清涼殿そっくりの本丸を造り、天皇の行幸を仰ぐことになっていた。これは明らかに信長が天皇を見下《みおろ》す図だ。こうも露骨に天皇見下《みくだ》しをやられたら、朝廷が信長殺しを策しても不思議ではない。

信長殺しが実現したときに、それを叡山焼き討ちの天罰と喝破したものがいたはずである。僧侶のほとんどがそう思ってもおかしくない。ところがそれを明確に表明した僧侶も、さらに朝廷貴族もいないらしい。文明一〇（一四七八）年から元和四（一六一八）年まで奈良興福寺多聞院の代々の院主がつけた『多聞院日記』で、「本能寺の変」当時の院主英俊が、事件を伝聞したばかりの感想を記している。

> 信長京で生害という（中略）盛者必衰の金言、驚くべきにあらず諸国ことごとく転反するか。世上無情、日を追って現前する様体、にわかにどうなりゆくのかわからない。

天罰を即座に思った様子はない。それよりも今後展開されるに違いない世相の混乱を憂慮している様子が強く感じられる。

近衛前久《さきひさ》なる怪異な人物が朝廷の中核にいた。これが信長殺しを画策した可能性が高い。天文五（一五三六）年生まれだから、信長より二歳年下にすぎない。ぴったり同世代人である。天文二十二（一五五三）年十七歳（満年齢）で右大臣、翌年には関白・左大臣である。いかに名門とはいえ出世がはやい。異能の持ちの主だったのだろう。その異能、異才ぶりが、これ以後いかんなく発揮される。

永禄二（一五五九）年に上洛した長尾景虎（のちの上杉謙信）と強い盟約を結び、翌年に関白のまま越後に下り、景虎につきそって上野《こうずけ》、下野《しもつけ》におもむく。これは景虎に関東を平定させるための援助であり、終局は上洛を促すことにあった。しかし成功していない。景虎も武田信玄との抗争に入り、おいそれとは上洛なぞできるはずもなかった。

永禄十一（一五六八）年、信長が足利義昭を奉じて入洛するや、義昭と隙を生じ出奔。本願寺光佐《こうさ》を頼って大坂に下る。

石山本願寺が信長に対抗して挙兵するのは天正二（一五七四）年。どうもそれまで彼は本願寺にいて、反信長勢力の中核にいたらしい。その間、丹波におもむいたりしている。

天正三年には和解がなり、本願寺をはなれ九州に下向。互いに反目しあう大友、相良、島津を周旋し和議を計り、五年に帰洛した。八年には信長に長年抵抗した本願寺を、大坂から退城させることに成功。

天正十（一五八二）年二月に太政大臣に任じられたが、ほどなく辞任。三月には信長の甲州征伐、すなわち武田勝頼討ちに従軍する。

六月二日、信長が本能寺で横死するや、ただちに即日失意のあまり出家して龍山と号したが、讒訴するものがあって羽柴秀吉の難詰を受けたので、徳川家康を頼って浜松に。

これ以後もあっちにおもむきこっちに行きの放浪を重ねる。名門貴族近衛家のなかでは、半生を放浪・流浪に終わったのはこの人物だけである。以上『国史大辞典』（吉川弘文館）による。

この中で、信長が本能寺で横死したので失意のあまり出家とはどうだろう。表向きは現在もそうなっているに違いない。果たしてそうか。

近衛前久は、本能寺の変が起きた天正十年には信長の側近といっていい親しい関係になってい て、太政大臣は信長の推挙だった。十七歳で関白・左大臣になっている前久のこと、信長の推挙などなくても、その気にさえなれば太政大臣にも容易になれただろう。しかし、信長が絶対権力をふるいはじめていた天正十年で、信長の推挙は重い。

信長は太政大臣に就任したばかりの前久を甲州武田勝頼征伐に誘った。信長が誘ったのか放浪癖のある前久が物見遊山に同行をもとめたのか、それはわからない。ともあれ二人は同行した。勝頼は、戦う前から滅亡が目に見えていた。三月五日に信長勢が安土を出発したばかりなのに、三月十一日には自害して果てている。だから信長、前久にとっては物見遊山とあまり変わらない。一行は近江、美濃、尾張、信濃を経て甲斐にいたる。二人は四月二日に甲府を出発、十一日柏坂（山梨県富士河口湖町）で前久に、ここからいままできた道を戻り木曽路を上って帰れと命ずる。要はこれから駿河をまわって富士山をみるのには同行できないといっているのだ。富士見物を楽しみにしていたに違いない前久には残念だったはずである。前久も同行を希望しただろうが、許されなかった。

信長はそれから一ヵ月後の四月十日に安土に帰っている。近衛前久は、五月中には太政大臣を辞している。とはいえ富士見物を許されなかったことへのあてつけではあるまい。絶対権力者信長に抗議、あてつけは死を意味しているはずだ。

光秀が接待役をした安土城で信長が徳川家康をもてなす酒宴の二日前、やはり安土城で能があり、これに信長、家康とともに前久も見物しているから、信長との関係が変わっていたとは思えない。しかしこれ以後が問題なのである。

「本能寺」朝廷関与説は、立花京子が『信長と十字架』(集英社)で展開し、近衛前久にも触れているので参照する。

「本能寺」は六月二日の未明。光秀は五日に安土城に入り、部下に信長貯蔵の莫大な財宝を分与しているが、二日後の七日には朝廷は吉田兼見を勅使として派遣。ここで信長は朝敵にされてしまったことになる。勅使の吉田兼見は吉田神社神官だが、近衛前久の家令でもある。その兼見は「本能寺」後、光秀に四回も会っている。九日には光秀が上洛し、勅使の返礼として銀子五〇枚も贈っている。彼の行動があまり目立ったため、山崎合戦の翌日、織田信孝(秀吉とともに戦った信長の三男)に嫌疑をかけられ、信孝の家臣が尋問のため兼見を訪れたりしている。それでも兼見は何とかいいのがれたが、主家、近衛前久はやはり信孝に嫌疑をかけられ逃亡、浜松の徳川家康に庇護を求めた(藤田達生『謎とき本能寺の変』講談社現代新書)。翌年、家康の斡旋により帰洛できた。

立花はさらに、近衛前久は朝廷が勅使として吉田兼見を安土城に派遣したその日、六月七日に子息信輔のもとへでかけ酒樽を進上、同じ上層公家仲間の観修寺晴豊も加わって酒宴したとしている。観修寺晴豊は十一日にも、別の所で四人で大酒を飲んでいる。信長死去を祝っているのだ。立花はそう解釈している。

その通りであろう。ただ立花は朝廷の裏にさらに黒幕がいて、それはイエズス会とし、だから「信長の十字架」ということらしい。

本書もキリスト教は深くかかわるが、立花の見解とは大きく異なる。もっと違ったファクターが大きくゆく手に立ちはだかる。

明智光秀が天下取りの野望を抱いていたのは間違いあるまい。「本能寺」の直前、愛宕山で連歌会を開く光秀が詠んだ発句――

ときは今あめが下知る五月哉

やはり通説どおり、土岐（光秀は土岐氏の末裔）は今、天下をすべる五月という意志表明だろう。光秀は若いころ全国を放浪し、天下を望める主君を探し歩き、ついに信長にめぐり会った。これも自分が天下をとる手段だったのであろう。ただ彼は、野望が壮大のわりには能吏すぎた。ひ弱だった。壮大な野心とひ弱さ。このことを朝廷は巧みに利用した。近衛前久たちは光秀を巧妙に誘導し、信長殺しに至らせた。

六月十七日、光秀の片腕、斉藤内蔵助利三が堅田で捕縛され、京中を車で引きまわされた。この光景をみた勧修寺晴豊《がじゅうじはるとよ》は「彼などは信長討ちの談合衆である」と日記にかいている。やはり朝廷の臣と光秀の家来は、信長討ちを事前に計っていたのだ。

これに正親町《おおぎまち》天皇の皇子、しかも次代の天皇と目されていた誠仁親王《さねひとしんのう》の指示があった可能性が高いことを立花京子は示唆している。もしそうなら、信長殺しの陰謀はさらに深刻だったことになる。ところが朝廷が深くかかわった秘事は明かるみになることはない。これが日本の魔の正体ではないか。

天皇制は種々論じられてきた。本書はこれを扱う場ではないし、私にその気もないから立ち入りはしないが、朝廷が悪魔の温床との印象は拭えない。飛鳥時代の蘇我氏から中世の後醍醐天皇に至るまで、ささやかながら歴史に触れてきた印象である。

ただ強権者であったためしはほとんどない。祭祀王ともとれるが、それだけではない。なにせ天皇が敵と名指しさえすれば、名指されたものはいつしか滅んでしまう。天皇が直接手を下すことがないのにである。何とも奇妙な存在。これこそ魔王ではないか。ただキリスト教の悪魔とは違うし、もちろん神であるわけでもない。

キリスト教では唯一絶対の神ヤハウエに敵対するものはすべて悪魔だ。日本では天皇は生きた神なのである。これを潰そうとしたから信長は天魔なのか。武田信玄はそうみた。仏法王法の敵として信長を位置づけているが、自分こそ生き神を利用する小悪魔だ。信長だけがその規格にはまらなかった。だから「天魔」といわれたのだ。

第1章　天才模様

現実の天才信長

古来、戦いの天才といえば源義経であろう。平家討伐のために一の谷合戦で敢行した鵯越《ひよどりごえ》の奇襲は特に名高い。海岸べりに屯する平家の大軍を、わずかの供回りの騎兵たちと、背後のけわしい急斜面から一気に駆け降りて襲い大混乱させ、味方に大勝利をもたらした。このとき義経二十五歳。

鵯越は現在みても恐ろしいほどのけわしさ。上からは垂直に下りる崖とみえ、浜辺よりも一〇〇メートルは高い。よくもこんな所を騎馬で駆け下りたものだと感心する。義経の戦術眼はまさに天才というにふさわしかったらしい。

「鵯越」は二月早朝のことだが、ちょうど一年後の二月、寡兵を率いての屋島の奇襲はさらにすさまじい。

一の谷の合戦では一〇〇〇人が討ち死にし、大将平通盛、忠度《ただのり》、経俊から十六歳の少年敦盛まで失う大敗を喫した平家だったが、総大将宗盛が健在、屋島にのがれ勢力を盛りかえし、瀬戸内海の制海権を握り、威をふるっていた。

一の谷合戦の勝利後、源氏は頼朝、義経の仲に亀裂が入り、義経は対平家戦から外され京でくすぶる日々が続いていた。その間、次兄の範頼が指揮をとるも源氏の不利が続いていた。しきりに関東帰陣を願いでる範頼にしびれをきらし、頼朝もついに義経に再登場を促す。その年の正月に命令を受けた義経は、一ヵ月ほど準備し、渡辺の津をわずか一五〇騎で渡海。

この日海は荒れ、とても渡海できる天候ではなかったのに、義経は舟をあやつり、猛烈な追い風にのって、みる間に渡海を果たし、ここでも海上からの攻撃に神経を使っている平家の大軍に背後の陸地から襲いかかって勝利をおさめ、平家は海上にのがれていった。

梶原景時が舟の舳先に櫓《ろ》すなわち逆櫓をつけ、前後に進退できるようにして渡海すべしと主張したのに反対し、戦いに逃げは禁物といって普通の舟でそれを敢行した。義経の成功は大軍に対する寡兵での奇襲である。二度とも、まさか背後はつかれまいと考えて前方のみを防禦している敵の意表をつく作戦で成功する。

それでは信長の奇襲戦、桶狭間はどうか。駿河の守護今川義元の勢力は遠江、三河にもおよび、これが江戸時代ならゆうに一〇〇万石を越す大大名だ。その義元が上洛をめざして西上。まず信長の尾張が最初の攻撃目標である。今川勢二万五〇〇〇、対する織田勢は二〇〇〇がやっと。十分の一にもみたない兵力だった。とうてい合戦などおよびもつかないはずだった。だから信長の宿老たちも篭城を進言してやまなかったといわれる。ときは永禄二（一五六〇）年五月十八日。前日、今川の先鋒は信長の居城である清洲の目と鼻の先に迫り、本隊も尾張に入ってきている。その注進を受けても信長は軍議一切せず雑談ばかりで家臣を帰宅させている。早朝、がばっと起きて「人生五〇年下天の内にくらぶれば夢幻のごとくなり……」をうたい、敦盛ひとさし舞い、出陣をふれる。はじめは六騎雑兵二〇〇ばかりで城をとびでる。このあたりは義経ばりだ。それでも義経には関東の大軍がひかえていたが、信長は前述の如くたった二〇〇〇にも足りない人数である。

義元の所在を求めて進軍中、家臣から今川の本隊が桶狭間に向かい、義元本陣は田楽狭間で休止の情報をうる。迂回して田楽狭間を急襲するのだが、正午すぎから暴風雨となり、休息で警戒をゆるめていた義元の本陣にとっては寝耳に水の敵襲撃だった。大混乱のなか、義元は首を討たれる（林屋辰三郎『日本の歴史12』角川文庫）。

義元に最初に打ちかかり膝を切って体の動きを悪くしたのは服部小兵太、首を討ったのは毛利新助だが、信長は彼らをおいて一番手柄を、義元休息場所を通報した簗田政綱とした。信長が情報をなによりも重んじたのは、このことからも明らか。当時、目先の武功だけを重視した戦国武将とはここが大きく異なっている。武田信玄といえども、その点では凡庸な武将と変わらなかったのではないか。

このとき信長は二十七歳、義経の「鵯越」二十四歳よりも三歳年長である。義経も信長も直観力に卓越した武将だったのは間違いあるまい。直観力は天才の必要条件ではある。

同じ小軍で大軍を破った奇襲といっても、三〇〇〇の毛利元就が二万の陶晴賢《すえはるかた》を襲った厳島合戦は元就の練りに練った作戦だった。元就はそのとき五十七歳。当時では思慮分別の熟し切ったもう老齢。実際この作戦遂行には謀略の限りを尽くしている。大軍の陶軍を狭い厳島におびきだして動きをとれなくし、寡兵で急襲。これしか勝つ手立てはないとして実行した。安芸の小領主として苦労に苦労を重ねた結果の乾坤一擲だったわけだ。だから元就の成功は天才ゆえではなく、老練の成果といえる。

信長の天才は「桶狭間」だけに発揮されたわけではない。天正三（一五七五）年、武田勝頼を破った長篠の戦いでの鉄砲隊の使い方は、目もさめるばかりの独創だった。

武田軍は信玄の騎馬軍団で有名であり、信玄在世当時は日本最強軍団とうたわれた。長篠の戦いは信玄死後二年。武田氏が誇る騎馬軍団は健在だった。これを撃ち破る戦術として信長が考案した作戦は、奇想天外なものだった。

まず騎馬軍団の跳梁を避けるため味方陣営の前に馬防柵を横長一列もうけ、そのうしろに三〇〇〇の鉄砲隊を一〇〇〇ずつ三列横隊とし、交互発射するようにして発射間隔を小さくした。従来の鉄砲隊は一列横隊、射程も八〇〜九〇メートルで、しかも銃丸の装填に時間がかかった。そのため、初発の発射後つぎの弾丸の装填中に襲撃を受け、はなはだ効果が薄弱だった（『日本の歴史12』）。騎馬軍団に大規模な馬防柵を築いたのも、そのうしろから三列横隊の鉄砲隊を交互に射撃させたのも信長の独創。効果は抜群、武田騎馬軍団はなすすべもなく潰滅。勝頼は命からがら逃げ帰った。

鉄砲が種子島に伝来したのは天文十二（一五四三）年、それから三十二年しかたっていないのに、信長は鉄砲の本家本元ヨーロッパにすらなかった戦術を編みだした。このとき四十三歳だが、こんな世界にさきがける戦術を生みだす独創にも、豊富な経験が必要だったはずである。若い時の直観力だけでは不可能ではなかったか。

次に織田水軍。戦国西国の雄、毛利氏と戦ったのは豊臣秀吉が有名だが、これは秀吉が天下を取ってからで、彼はいまだ羽柴秀吉、織田の一武将として対毛利戦線にたたされていたにすぎない。ただ秀吉の武功として後世喧伝されたこともあり、毛利戦は備中高松の水攻めなど『太閤記』で陸戦のみがよく知られるが、実は水軍が重要な役割を果たした。

毛利は瀬戸内海海賊村上氏や乃美《のみ》氏を配下に加え、物資の補給を海から行なうのを得意とした。信長が大坂石山本願寺と戦闘に入ったのは天正二（一五七四）年、長篠の戦いの一年ちょっと前だった。これからさらに二年後、信長は毛利氏と絶縁、戦闘状態にはいる。毛利は本願寺と同盟し、本願寺への物資補給は海賊たちが担った。

天正四（一五七六）年、村上、乃美両氏八〇〇艘は岩屋に勢ぞろいし、和泉貝塚で伊賀、雑賀《さいが》衆と合して堺、住吉沖を経て木津川口に進む。これに対抗した織田水軍は大船十余艘、小舟二〇〇艘、河口で待ち受けた。しかし水軍勢力に圧倒的な差があり、毛利方の火矢によって大半を焼き払われ、難なく兵糧を石山本願寺城中に運び入れられる。要するに、織田水軍は毛利水軍に大敗したのだ。これに手をこまねいている信長ではない。さっそく新しい工夫に入った。

彼の水軍は紀伊熊野の海賊、九鬼嘉隆《よしたか》だ。その嘉隆に、大鉄砲を積んだ鉄張り大船六艘をつくらせる。乗員合わせて五〇〇〇人。横七間（約十三メートル）縦一二、三間（二二〜二三・五メートル）当時としては驚くべき巨艦だ。世界最初の鉄甲艦はこうして誕生する。天正六（一五七八）年、石山本願寺に兵糧を入れるに木津川表にやってきた毛利水軍六〇〇艘をこの織田水軍が迎え撃つ。午前八時から四時間にわたって交戦、敵船をひきつけておいて大鉄砲でうちくずし、木津川口に迫った。これで大坂は滅亡と、宣教師オルガンチーノは報告している。

苦手だったはずの海戦でもこの圧勝、これも信長の天才のしからしめるところ。

信長の天才を語るのは主として以上の三件だが、これ以外にも兵農分離や楽市楽座、安土城天主閣など、述べるべき事柄は多い。ともかく彼は、当時世界でも試みられなかった画期的戦術をあみだしていたのだし、政治上の独創も数知れず、まさに日本史上最高の天才というにふさわしい。

つくられた天才

生まれたときからものが言え、聖《ひじり》の知恵をもっていた。壮年になると、同時に一〇人の訴えを聞き分けた。未来の予知もできた。『日本書紀』が示す聖徳太子の天才ぶりである。

第二次世界大戦の敗戦後、戦前の歴史教育が全面否定され、現人神《あらひとがみ》とされた天皇も普通の人になった。それでも聖徳太子だけは価値が下がらず、歴史上最高の政治家、聖人とあがめられ、長いあいだ紙幣（一〇〇〇円札など）に使われた人物だった。戦前の天皇中心主義から一転して国民主体の民主主義に変わっても、どうしたわけか聖徳太子だけは崇拝され続けた。

昭和年代に強化された天皇中心の閉鎖的国家主義で手痛い敗戦を喫したため、人々はアメリカをはじめ海外との明瞭闊達な交流を望んだ。その気分はまず日本神話の全面否定を導き、さらに『古事記』『日本書紀』の古代日本の否定へとひたすらつき進んだ。アメリカを中核とする戦勝国による日本統治の方針でもあったから、なおさらだ。しかし当時の教科書をよくよく読んでみると、聖徳太子だけは違ってみえる。何せ彼は巨大文明国中国の隋に遣使し、活発な交流を行なっているではないか。

しかも「日出る処の天子、書を日没する処の天子に致す。恙《つつが》なきや」なる堂々たる親書を隋皇帝に渡させている。豆つぶほどの小国日本が、巨大国中国に対等外交を仕掛け成功している。当時太子は推古天皇の摂政である。この国書を書いたのは当然太子のはず。太子はなんて立派だろう。しかも十七条憲法では「和をもって貴しとなす」と明記しているではないか。この人民融和の思想。古代に民主主義者がいたのだという喜び。これが戦後の聖徳太子崇拝の主要因ではなかったか。それに太子が仏教興隆に精力傾注したことも、敗戦直後の人々を満足させた。

国家主義イデオロギーは国家神道に結晶したのに、太子は日本古来の宗教を保持することを主張する保守主義者の物部守屋を打倒し、仏教側の勝利を確定させた戦争に弱冠十四歳で参加し活躍している。このときの大将は蘇我馬子だが、たいへんな苦戦だった。

太子はこの戦いに勝ったら四天王のために寺塔を建てると誓って、秦河勝《はたのかわかつ》にぬりでの木に四天王を刻ませた。その甲斐あって戦いは勝利した。そこで浪速に四天王寺を建てた。十四歳の少年が味方を鼓吹して勝利に導く。まるで聖少女ジャンヌ・ダルクではないか。太子のしたことはこれだけにとどまるものではない。

太子は二〇歳で皇太子・摂政となり、政治の中心に座る。二十九歳で斑鳩宮《いかるが》を建て移り住むが、推古天皇の都が飛鳥から移動はしていないから、ほぼ二〇キロ（ただし直線距離、実際は三〇キロ近くあった）を毎日馬で通ったとされている。ということは、馬を相当早く駆けさせなければならない。現代の競馬騎手なみの騎乗術を心得ていたことになる。なんという運動神経の卓抜さ。

太子が政治上の主たる活躍をみせるのはこれ以後である。だから彼は毎日馬で都まで通って多忙な日々を送っていたことになる。頑健な体力に恵まれていたらしい。彼と等身大の写しといわれる夢殿の秘仏、救世観音像は一メートル七十九センチもあり、偉丈夫だったと思われる。

斑鳩宮居住後二年にして、冠位十二階の制を定めている。それまで必ずしも明確とはいえなかった朝臣の位を定めた。豪族と天皇家の連合政権だった従来の体制を改め、天皇を頂点に戴くピラミッド型の整然とした官位体制とし、天皇の意志が政治にじかに反映できるようにした。

十七条憲法はいわずとしれた日本史上最初の憲法。次に第三回目の遣隋使。二回目のときの国書が有名な「日出る処の天子……」である。ただ一回目は『日本書紀』には記述がなく、二回目も国書については何も記されていない。

次に文化面の活動になるが、三経義疏《ぎそ》の執筆。『天皇記』『国記』などの歴史書編纂。これが六二〇年で、太子四十六歳である。翌々年四十八歳で死去。奇しくも織田信長と同年令の寿命だった。以上のことは日本人なら誰でも知っている。それほど人口にかいしゃしている歴史事実なのである。

ところが、このことごとくを真っ向から否定する論評が一九九九年にあらわれた。大山誠一『聖徳太子の誕生』（吉川弘文館）である。以下、この本の紹介も兼ね「つくられた天才」について述べる。聖徳太子の業績といえばまず「冠位十二階」、「十七条憲法」、遣隋使、「三経義疏」があげられるであろう。大山はそのうち十七条憲法と三経義疏をとりあげている。

十七条憲法は聖徳太子時代の知的レベルとは余りに乖離しすぎている。高度なのだ。二回目の有名な国書が問題だ。

倭王は天を兄とし太陽を弟とする。天がまだ明けない間は朝廷にでて政治をし、太陽がでれば仕事を止め、弟に政治を委ねる。高祖はこれを聞き、廷臣に理に適っていないことははなはだしい、教えて改めさせよといった。

このような聖徳太子当時の政治形態は原始的すぎるのに、十七条憲法には儒教思想がちりばめられ理路整然としている。こんな理屈に合わない話はない。儒教が知識として日本に定着するのは奈良時代に入ってからであり、明らかに後世の偽造だ。こう大山は喝破する。

「三経義疏」に至ってはもっといい加減である。これが太子の著作として信じられてきたのも理由がある。

まず天平十九（七四七）年、太子時代から一二〇年後になるが、「法隆寺資材帳」に三経の義疏とも「上宮《かみつみや》聖徳法王御製」とある。すなわち太子直筆とことわっている。三経のなかでも特に太子が力を傾注したと思われるのは『法華経義疏』だ。その『法華経義疏』は宮内庁に収蔵されているが、それに附随した貼り紙に、これは大倭国上宮王の私集であって海外の本ではない、とある。

この貼り紙は当然、聖徳太子時代のものだとされてきた。こんな有力な証拠はあるまいと、従来の研究者たちはこのことで安心してきた。しかし三経義疏著述は『日本書紀』にはない。はじめて文献にあらわれるのは、いま触れたばかりの天平十九年の「法隆寺資材帳」なのだ。

三経義疏は聖徳太子の高い学識を示す恰好の証拠だった。それが崩れてしまった。敦煌出土の『勝鬘経《しょうまんぎょう》義疏本義』と七割が同文だったのである。聖徳太子の著作が中国にもちだされ、敦煌にまで伝わったとはまず考えられない。それよりも遥かに可能性の高いのは、中国製のものが日本にもたらされたということだろう。研究によれば聖徳太子と同系統と思われるものは、聖徳太子よりも少し古い時代の製作だからだ。

また天平宝字五（七六一）年の「東院資材帳」（東院は夢殿のこと）では、三経義疏を太子直筆としてはいても、『法華経義疏』に関しては律師法師行信《ぎょうしん》が探し求めて奉納したとある。要するに行信という僧がどこかから探し求めてきたのだとしているのだ。実はこの行信なる僧侶が怪しい存在だったのである。

天平九（七三七）年に天然痘が大流行し、聖武天皇の皇后光明子の兄たちがこれにかかり、相ついで死去。兄四人、すなわち藤原武智麻呂、房前《ふささき》、宇合《うまかい》、麻呂《まろ》ともに聖武朝廷の重臣で、天皇を自在に操縦する才女光明皇后を支えていた。それが相次いで死去したため支えを一時に失い、気が動顛し精神不安定になっているときに姿をあらわしたのが行信なのだ。彼は皇后にたくみに取り入り、祈祷などして皇后の心をつかむ。光明皇后の娘孝謙女帝をたぶらかした道鏡の出現に似ている。

行信はどうも法隆寺の住職を狙っていたらしい。聖徳太子の息子、山背大兄皇子《やましろのおおえのおうじ》が蘇我入鹿に滅ぼされてからでも一〇〇年以上がたっている。滅亡時に焼亡した斑鳩宮全体は荒れ果てていた。そのうちの夢殿を再建しようと行信は光明皇后にもちかける。ことは彼の思うように計られるが、それだけではない。三経義疏や天寿国繍帳《てんじゅこくしゅうちょう》その他もろもろの聖徳太子にかかわる品が一拠に出現するのも、行信の仕業だったのである。

なぜ行信にそんな捏造が可能だったのかというと、光明皇后は父藤原不比等が『日本書紀』で創造した聖徳太子を信仰するまでになっていたから、と大山は言い切っている。『日本書紀』の聖徳太子記事は藤原不比等の創造であり、不比等にはそれを必要とする理由があった。『日本書紀』編纂当時、政界の実力者は不比等だが、ライバルとして天武天皇の有力皇子、高市皇子《たけちのおうじ》の子の長屋王がいた。この二人にとって政治を都合よく運営するには、シンボルとして「天皇」の権威が必要だった。

皇帝権力絶対の唐の政治体制に近づけて日本を文明化するには、そうあるべきだった。中国には皇帝が絶対存在として崇められるモデルとなる「聖天子」がある。黄帝などである。ところが日本には絶対といっていい「聖天子」は存在しない。そこで聖なる皇太子を創造したのだ。皇太子なら実在しなくてもそれほど問題にもなるまいし、逆に信憑性も得られるだろう。二人はこう考えたらしい。

厩戸皇子は存在しても、聖徳太子は存在しない。これが大山誠一の結論であり、この見解に研究者から一切反論はないという。もう学会では通説といっていい。

大山はほぼこんなことを述べている。しかし冠位十二階と遣隋使の外交についてはまったく触れていない。実は『日本書紀』に聖徳太子が直接かかわったことにはちゃんと「皇太子」とかの明記があるのだが、それがない。だからこれは太子の業績ではない。このあたりは、どうも研究者たちには従来からの常識らしい。

異形の青年

天才とバカは紙一重という。ただしこの場合のバカは、決してうすのろをいうのではないはずだ。狂気と考えてほぼ間違いなかろう。天才は必ずや狂気を孕んでいる。昔の人はそれをはっきりと見抜いていた。『信長公記』を読んでもそのことが如実に示されている。家臣、太田牛一はさすが主君のことをよくみていたと感心するほどに観察が鋭い。誰でも知っている若き信長の異形ぶりだが、人々はそれを「うつけ」と呼んだ。「うつけ」はバカでありうすのろも含むのだろうが、言葉を漢字にすれば「空け」または「虚け」で、「け」は気だから「虚気」だ。気がうつろ、狂気の意味の方が強いのではないか。信長は二〇歳頃までは、周囲の人々の眼には「うつけ」と映っていた。

ふだんの身なりは湯かたびらの袖はずし、半袴で火打ち袋など身につけ髪はちゃせんまげ、もとどりは紅萌黄《もえぎ》糸で巻きたてる。町をあるくとき、栗、柿はもとより瓜をがぶりとかぶる。町中で立ちながら餅をほおばりつつ、人によりかかって肩にぶらさがるような歩き方をする。

大名にとっては行儀作法のうるさい室町礼法の時代、信長も、小とはいえれっきとした大名の嫡子、これでは人々が「大うつけ」といったのも無理はない。

父信秀が死去したのは十七歳のとき。ここで嫡子である彼の肩に領国経営の重荷がどさっとかぶさってくる。もしこれに失敗したら滅亡しかない。十七歳といえば、当時ならそれなりの分別がついている年齢、信長もそれを充分に意識できたはずである。

僧が三〇〇人もいる盛大な葬儀のさなか、信長の身なりは長柄大刀、脇差しをわら縄で巻き、髪はちゃせんまげ、袴もはいていない。仏前にでて、抹香かっとつかんで投げかけて帰った。これに対して同母弟の信行は肩衣、袴をめし、礼にかなった作法であった。その弟と比べるのだ。当然、信長を「大うつけ」と人々は噂しあう。ただ筑紫からきた客僧一人が「あれこそ国持ち大名になるべき人」といった。行儀作法にかなった信行をではない、信長こそ大物というわけだ。

信長の行為はまずは狂気といっていい。その狂気の裏にひそむ天才を、この僧は見抜いていたことになる。このことが如実に示されるでき事がこの二年後、十九歳のときにやってくる。

父の死去で苦境におちいったのは無理もない。「大うつけ」はこうなれば決してプラスには作用しない。それでも天才信長、独特の戦術で尾張国内の対抗勢力とわたり合っている。そんなとき信長の妻の父、美濃の国主、斉藤道三から会いたいと申し込んでくる。うつけの噂がどこまで本当か、じかにみてみたいのが本音。婿を後援しようなどとは表向きだ。ただし、一介の油売りから身を起こし、美濃一国を手中にした下克上の典型大名、道三も当代きっての梟雄、人がうつけといっても決してそうではあるまいよと思うだけの眼力はそなえている。人の噂を信じてはいないのだ。それでもその真偽は知りたい。美濃と尾張の国境で、しかも両国の中立地帯、富田正徳寺を会見場所に指定したのは道三。これなら信長も出てくるだろうとふんだ。信長はためらうことなく受諾。

道三は信長の異形の身なりをあとで笑ってやろうと、古老六〇〇～七〇〇人に折り目正しい服装をさせて正徳寺の前に並ばせ、その前を信長が通りすぎる準備をととのえ、自分は町はずれの小屋に忍んでのぞき見して楽しもうという寸法。信長は道三の前を通っていく。馬上の信長は例の異形のままだ。ただし三間半の槍のもの五〇〇人、弓、鉄砲五〇〇丁。この表記はちょっとわかりにくいが、たぶん弓と鉄砲とが各々五〇〇ということだろう。三間半の槍は常識の倍以上の長さで、信長独自の工夫。鉄砲五〇〇丁は当時では異例の多さ。尾張半国も領有しない小大名では考えられない戦備だ。道三もそんなには持っていなかったろう。

正徳寺に入って信長との対面を待っていると、わざと相当待たせておいてでてきた信長は、きちんとした大名の身なりになっている。ここでようやく道三家中も、うつけはわざとした作りごとと気づくと、『信長公記』にある。眼をみはる鉄砲などの近代的装備をみせつけておいて、折り目正しい正装への変化。しかも待つに待たせておいての対面。さすがの道三も感心する。最後に家臣が信長はやはりたわけといったのに対して「まことに残念なことである。この山城の子たちがあのたわけの門外に馬をつなぐ（家来となるの意）ことまちがいないだろう」とだけ答える。これ以後たわけというものは一人もいなくなった。

道三の家来たちは信長の異形を目くらましととらえたらしいが、これは間違っていよう。彼はそんな姑息な手を使って周囲の人々の眼をごまかそうなどと思ったはずがない。そうしたくてしていたに違いない。天才は他人の流儀には決してしたがわない。自分独自の価値意識を素直に表出するだけだ。その価値意識こそ狂気といっていい。しかしこの場合の狂気には、徹頭徹尾、冷静な正気が宿っている。そこが凡庸とは違うところだ。

信長には壮年になり天下を統一する直前までつき進むなかで、この狂気が時おり顔をのぞかせる。まずは叡山焼き討ちでの、老若男女区別なく手当りしだいの虐殺。長島一向一揆に対しては、降伏すれば助けるといっておいての無差別虐殺。叡山焼き討ちも長島一向一揆も、信長の覇業確立に邪魔ばかりした。それに対する報復だが、度がすぎている。秀吉や家康ならもっと事態を冷静に分析し、こんな無道なことは覇道には余計なこととしか思わず、人々の反感を買うことはしまい。この無道を信玄に利用されたのは、やはり自業自得としかいえない。とはいえ信長の天才は、信玄が如き保守主義者に敗北するはずはなかった。ただ、この狂気の沙汰が彼の隙になったのは間違いない。

のちに詳しく触れるが、浅井、朝倉を倒したのち、浅井久政、長政父子と朝倉義景の三人の敵将のドクロに漆を塗り飾って酒宴の酒のさかなにしたら家臣がびっくり仰天した。これも過度な敵将に対する憎しみの表現だろう。ここにも狂気がみえ隠れしている。

それと、長年信長を助けてきた功臣佐久間信盛、林通勝、安藤範俊を、たいした理由もなく追放、死に至らしめたこと。彼らは信長の弟信行に味方し、苦境にあった自分を苦しめたことを思いだして罰した。この執念深さも、普通の神経ではない。

『信長公記』にはないが、明智光秀を満座の前で激しく打擲したということ。これも天下の主としては異常な行動としかいえない。光秀の謀叛の真相だが、信長の狂気に恐怖心を抱いていたのは確かであろう。相手が秀吉や家康なら謀叛はなかったのではないか。

神童伝説

聖徳太子は生まれたときから普通の人とはちがっていた。

二歳で東を向いて合掌し「南無仏」ととなえた。三歳の桃の節句。父の用明天皇（このときはいまだ橘豊日皇子《たちばなのとよひのおうじ》）に抱かれながら「桃の花と松の葉のどちらが好きか」尋ねられ、太子は「松の葉の方です」答えた。驚いて理由を聞かれると、桃の花は美しいけれどすぐ散るが、松葉は年中青いだけではなく、一〇〇〇年たっても緑の操を失わないからだと答えている。

四歳。大勢の皇子たちと御殿で遊んでいるうちに喧嘩になった。騒いでいるので、それを聞きつけ父が笞を持ってでてきたら、子供たちはいっせいに蜘蛛の子を散らすように逃げたのに、太子だけは逃げず、どうか存分に打ってくださいという。どうしてお前だけ逃げないのかという父の問いに「梯子をかけて天に上ることもできず、穴を掘ってもかくれることはできません。たとえ一たん逃げても、どうせつかまるほかありません」と。だから逃げなかったというのである。仏教流なら自業自得だ。

五歳。天皇がのちの推古天皇を皇后とした。ある日、乳母が太子を抱いて皇后の前に出た。太子は乳母にいった。私をおろしなさいと。太子は乳母のひざからおり、自分で衣服をととのえ、よちよちと歩いていって、大臣たちの前に立ち、北を向いて皇后を拝した。まだ五歳なのに、起伏の儀を成人なみに行なった。皇后はたいへん驚いた。乳母は太子にたずねた。どうして群臣とともに皇后を拝するのですか。太子はひそかにいった。お前の知ることではない。私は天皇なのだ。ついにのちにそうなった。

自分から進んで字を習いたいといい、毎日一〇〇〇字ずつ手習をした。三年後には王右軍の書を学んだ。右軍は中国書道の大家。

六歳。百済から仏典をもたらした。太子は敏達天皇にそれを見たいという。どうしてかと尋ねられる。私は昔、中国衡山《こうざん》峰に十年いて仏道を修行し教えをまなんだ。だから百済がたてまつってきた経典を見たいのです。天皇は不思議に思い太子に問う。お前はまだ六歳。しかもわしの目の前にいるではないか。いつ中国にいたというのか。どうして嘘をつくのだと。それは私の前身です、と太子は答える。

七歳。百済からもたらされた経典数百巻を披見。日に十二巻ずつ春にはじめて、冬には読み終わる。

八歳。新羅から仏像がおくられてきた。太子は、これは西の国の聖人シャカの像です。これをないがしろにしたら災害を招き寿命を縮めてしまいますという。そして太子はお経を読み、解説した。その内容たるや絶妙。まるでシャカが教えているのにそっくり。天皇は大喜びして、仏像を安置した。

九歳。土師八嶋《はじのやしま》というものがあった。歌を唱うと絶世の美声。夜、人がきてともに和して歌を唱った。音声が常のものとはまるで違う。八嶋はこれを怪しみ、声を追って住吉の浜までやってきた。天の星々が海に入り込んでいくではないか。太子はこのことを八嶋から聞き天皇にいった。

これは螢惑星です。天皇はたいへん驚いて、いま何と言ったと聞きただす。天に五星あり、宇宙は五行にそっています。色は五色で、今年の星は青です。方位は東で、気は木です。螢惑星は赤で方位は南、気は火です。この星が降ってくると人になり、子供と遊び歌謡を好んでつくります。歌うことは未来に関してです。今の声の主はこの星でしょう。こう太子はこたえた。太子は宇宙の構成とその意義を天皇に教えているのだ。

十歳。蝦夷《えみし》が反乱を起こした。天皇が群臣と対策を協議していたが、ふとそばにいた太子にどうしたものかと尋ねた。太子はさっそく「私は子供ですからこんな国家の大事について申し上げるのは恐れ多いことですが、みんなの意見を聞いていると一挙に蝦夷を攻め討ち滅ぼす計画とうけたまわります。しかし戦いをすると敵も味方もたくさんの命を失います。それを避けるために、蝦夷の首領をよくいいきかせて、今後決してそむかないと誓いを立てさせてはどうでしょうか。もし誓いを立てるなら罪を許し、厚くもてなしてやったらいい。きっと喜んで朝廷に仕えましょう」と答えたのだった。

二歳から十歳までざっとこんな調子だ。なんという早熟、神童ぶりか。これは延喜十七(九一七)年に成立したという『聖徳太子伝暦』に載る記事だ。この書には太子の誕生から死までが年を追って誌されている。『日本書紀』や『上宮《かみつみや》聖徳伝補闕記』(これはのちに詳述)を全面的に取り入れ、今には伝わらない先行の太子伝を参照し、撰者の創作も加えて内容を構成したと考えられる。太子に関する説話、奇談を集大成した性格の伝記で後世に大きな影響を及ぼし、人々の太子観はこの書を通じて形成されたといえる（『国史大辞典』）。創作といってしまうのは簡単だ。それよりも、こんなこの世離れした神童譚がどうして生まれたのかが重要だろう。

実際、神童といわれる人々は歴史上実在している。バッハやモーツァルトは父が音楽家であり不思議ではないが、メンデルスゾーンの父は食肉業者、ヘンデルの父は銀行家。これらの人々の母親に音楽の才能が特別にあったとは伝わっていない。トロイを発掘したシュリーマンは八歳にもならない頃からトロイをみつけるといっていたというが、天才、神童といわれる人々は幼少の頃から不思議な言動をし、後年の片鱗をはっきりとみせている。

イアン・ステーヴンソンは『前世を記憶する子供たち』（笠原敏雄訳、日本教文社）でこんな神童、天才のうちで、音楽家や考古学者が生まれ変わっている場合が往々にあると事例をあげて説明している。

聖徳太子が実在だったら宗教家の生まれ変わりだった可能性がある。太子六歳の時、自分は前世に中国衡山峰にいて仏道修行と仏教学習を十年したといっている。彼は前世の記憶をはっきりと持っていた。実は、ここが太子信仰のはじまりであった。

天平勝宝六（七五四）年、鑑真とともに日本に渡来した思託が『上宮皇太子菩薩伝』で、太子は慧思《えし》禅師の生まれ変わりだとしたのである。慧思は最澄の師、天台大師智顗《ちぎ》のさらに師である。最澄はこの説を信じ、太子の玄孫と公言しているくらいだ。鑑真の弟子が慧思を太子の前身として日本に師の宗脈を確立しようとしたのは、太子が法華経を重んじたことに着目したからである。鑑真も法華経を重視する天台教学に関心があり、天台関係の書を多くもたらした。それが日本に天台学が起こる端緒となった（大山誠一『聖徳太子と日本人』風媒社）。

太子伝としてもっとも古い宝亀二（七七一）年成立の『七代記』に、太子は小野妹子を衡山道場の法華経を取りに行かせたとある。これも「菩薩伝」に通じている。

奈良時代には、中国でも日本でもさらにインドにも、生まれ変わり神童はけっこう存在していたに違いない。だから思託の宣伝にも、当時の人々は軽々とのった。スティーヴンソンは生まれ変わりが出現するのは、それを信じる文化風土のある所が圧倒的に多く、現代の欧米の科学偏重の社会ではほとんどみられないと報告している。その点、思託の生まれ変わり説は、当時にあっては抜群の説得力をもったのもうなずけよう。

第2章　日本のキリスト

『新約聖書』の構図

聖徳太子は『日本書紀』によれば、政治家であるよりは聖人である。かつて梅原猛は『隠された十字架』（新潮社、一九七二年）で聖徳太子怨霊説を展開した。太子は日本のキリストなのかと思わせる書題でセンセイションを巻き起こした。しかし内容はキリストとは何の関わりもなく、法隆寺建立の意味を怨霊封じとして解読し、きわめて衝撃的なものではあった。ただこの書題は私の心のどこかにひっかかっていて、聖徳太子とキリストの近似性について梅原は何かを探り当てたのに、事情があって書かなかったのではないかと勝手に思いこんでいる。何度も親しくお話をさせてもらう機会があったが、まだ聴きだせてはいない。本書では、ひょっとしたら梅原が探り当てていたかも知れないこと、「日本のキリスト、聖徳太子」を展開し、織田信長につなげていきたい。

聖徳太子については、奈良時代末期から平安朝にかけて、伝記がたて続けに書かれている。

『上宮皇太子菩薩伝』『上宮聖徳法王帝説』『上宮聖徳太子伝補闕記』『聖徳太子伝暦』の順に完成している。その他、相当数のものが伝わっているが、この四書が主である。この四書と『新約聖書』の構図が似ていると思えるのだが、まずこれから入ってみたい。

『新約聖書』はマタイ、マルコ、ルカ、ヨハネの四つの福音書がキリストの伝記であり、それが前半をなし、後半は弟子（聖書では使徒としてある）がその使徒たちの布教記録や、キリスト死後の弟子パウロから信者たちへの手紙で構成されている。だから、キリストの伝記といえば福音書だ。四書はそれぞれ少しずつ違っているが、大きな違いはない。ただマリヤの処女懐胎があったりなかったり、有名な厩での誕生も「ルカ」だけに載るといった具合いではある。ともあれ人々によく知られているあたりを一通り記してみる。

処女がみごもっているのを大工ヨセフがめとる。夫のヨセフと放浪の最中、月満ちて生まれる段になっても宿がみつからず、厩で産み落としたのがイエス・キリストだった。この誕生を東方の博士たちがある星の輝きによって知り、その星の導きで幼子の所にやってきて礼拝する。この博士たちは途中エルサレムに立ち寄り、今度ユダヤの王として生まれた御子はどこにいるかと人々に聞いてまわったのがヘロデ王に知られ、ヘロデ王はその子を探しだして殺そうとする。エジプトに逃げよとの夢のお告げがヨセフにあり、ナザレにのがれて住んだ。少・青年時代のことは何もなく、いきなり四〇日四〇夜の悪魔の試練があって、それに続き福音、すなわち説教や救済活動が記される。

目には目を歯には歯をと言うが、右のほほを打たれたら左のほほも出しなさい。空の鳥は種蒔きも苅り入れもしないのに生きている。いわんや人間は鳥より高級だし、神も見守ってくれているから、あくせくするな。古い酒は古い皮袋に、新しい酒は新しい皮袋に入れないと皮袋は裂けて役に立たなくなる。ものごとは合った組み合わせがあり、無理はいけない。狭い門から入れ、滅びに至る門は広く道は広いからだ、などなど有名な箴言《しんげん》が次から次へと口を出てくる。

説教のかたわら、種々様々の奇跡がキリストによって行なわれる。処女懐胎からして奇跡なのだから、『新約聖書』は奇跡のオンパレードといっても過言ではない。

水上歩行。キリストは湖の対岸にいたが、向い風で波が高く、向こう岸の弟子の所に舟を出して渡ることができない。そうしたら、夜三時頃になって、水上を歩いて彼らの所にやってくるではないか。弟子達はあれは幽霊だといって怖がった。すると彼は、私である、怖がることはないといった。これに対してペテロは、水上を歩いてこいと命じてくださいとキリストにいうので、キリストがそうすると、ペテロは水上を歩きはじめた。風が立ったのでこわくなり、沈みはじめた。そこでキリストは水上に立ち、信仰が薄い、なぜ疑うかと叱咤しながらも手をさしのべ、ペテロを救い、舟に移る。すると風はやんだ。舟の中の者はあなたは神の子ですと拝んだ。

無限に増える食糧。飢えた男たち五〇〇〇人に対して、パン五つと魚二尾しか食べるものがなかった。それなのにパンと魚をとって天を見上げ祝福し、パンを裂いて弟子に与える。弟子たちが群集に分配しはじめると、パン切れはどんどん増え、全員満腹させることができた。

復活。自分自身を神の子というキリストは、神を冒瀆するものとして訴えられ、官憲に捕らえられ、死刑が宣告される。ゴルゴタ（「どくろ」といわれている場所）の丘で十字架にかけられ、処刑される。息を引き取ると地震が起き、岩が裂け墓が開く。多くの聖徒たちが生き返った。処刑から三日たって、マグダラのマリヤがキリストの墓を見に行くと、大きな地震があって、ここでも墓が開き、そこに死体はなかった。神のみ使いが天上からおりてきて、よみがえってガリラヤに行ったと告げる。マリヤはそれを弟子たちに知らせるために急いでいると、キリストがあらわれ、「おはよう」といった。マリヤは近寄って、彼の足を抱き拝んだ。

このほかに、死人を生き返らせたり、癩患者の患部に手を当て即座に直したり、足なえも同じようにしてなおすなど、奇跡が盛りだくさんに並べられている。この奇跡は彼が神の子だから可能なのだと、福音書の作者たちはいいたいのだ。

福音書には二つの特徴がある。一つはキリストの言葉に美しい比喩が多用されていること。二つ目は、キリストを神の子にしていることである。

私のいうことを聞いたものは岩の上に家を建てるのと同じこと、聞かないものは砂上に家を作るのに似た愚行だ。岩上の家ならどんな洪水でもびくともしない、と信仰の強さが不動の信念を導きだすことを説く。

（弟子たちに）世間の喧噪の巷にあなたがたを遣わすのは、狼の中に羊を送りだすようなものだ。だから蛇のようにさとく、鳩のように素直であれ。人に用心しなければ、あなたがたは笞打たれるだろう。

農夫が種蒔きにでかけた。蒔いているとき道ばたに落ちた種があり、鳥がきて食べてしまった。別の種は岩地に落ちた。土が深くなかったので芽はすぐ出たが、日が昇ると焼け、根がないためにすぐ枯れてしまった。別の種は、いばらの中に落ちた。いばらが伸びてふさいでしまった。別の種はよい地に落ちて、あるものは一〇〇倍、あるものは三〇倍の実を結んだ。弟子たちに、布教するとき、相手の資質を見きわめよと、巧みな比喩でさとしているわけだ。

からし種ほどの信仰があったら、この山に移れといえば移るものだ。どんなことでもあなたができないことはない。からし種ほどの目にとまらないものでも、小さな信仰さえあれば山をも動かせる。からし種の極小と山の極大を対比し、きわめて鮮明な視覚効果をねらっている。狭い門から入れというのも似た効果をうみだしている。

「マタイ」だけでも、探せばもっと比喩はみつかる。いわんや四福音書全部を探ればたくさん見つかるだろう。

次にキリストが神の子ということ。人々の運命は神の御手の中にある。キリストはくり返しくり返し述べている。ところがそのキリストは神であり人間でもある。シャカにしてもムハンマドにしても、預言者ではあっても神ではない。神と人間は対立する関係にある。『旧約聖書』ではアダムとイヴ以来そう規定されている。しかしキリストだけは神であり人間なのだから、神と人間は合一された存在なのだ。すなわち対立していたはずの神と人間が、キリストにおいて統一されている。これは『新約聖書』が創造した革命的な存在のありようである。

『補闕記』の構図

聖徳太子の主な伝記四つのうち最後に完成した『聖徳太子伝暦』は、それまでにできていた種々の伝記をまとめあげ、太子伝説完成版として普及した。一般によく知られている太子の伝記はこれに準拠している。だから四福音書と比較するのもこれが最も適しているのだが、『上宮聖徳太子伝補闕記』を下敷きにしているし、この『補闕記』には問題にすべき事項が多いので、ここではこれを検討対象とする。とはいえ伝記の全体概要は『伝暦』によることにする。

太子の母、穴穂部間人《アナホベノハシヒト》皇后は金色の僧を夢見て懐妊した。その僧は、私は世の人々を救う救世《ぐぜ》の願いを実現するために人の世界に生まれたい、あなたのおなかに宿らせてほしいと皇后にいうので、どなたですと聞くと、私は救世菩薩と答えた。皇后は喜んで承諾した。十二ケ月おなかの中にいて、皇后が厩の前にいたときに急に産気づき、生まれた。赤子を御殿につれていくと、西の空から赤や黄の美しい光がさしてきた。厩の前で生まれたから厩戸皇子と呼ばれるようになった。聖徳太子の誕生である。ここでは、太子を救世菩薩といっているのだ。十歳までの神童ぶりは前述したので触れない。十五歳のときの、反仏・保守派の物部守屋と、崇仏派の蘇我馬子の戦いもすでに書いた。

太子の活躍はもちろんだが、榎木に登って指揮していた守屋を射落としたのはトミノオビトイチイだ。首を切ったのは秦河勝である。

聖徳太子の生涯は『日本書紀』に相当詳しく記されていて、それ以後完成する伝記四つとも、当然書紀の内容から派生している。物部守屋と蘇我馬子の対立戦争も詳述されているのはいうまでもない。ここでは秦河勝はいっさい出てこない。『補闕記』で出てきて、太子が守屋を射、木から落ちてきた守屋の首を切ったのが河勝となっている。『補闕記』ではトミノイチイは登場しない。

物部守屋討伐を果たした太子は、推古天皇の摂政・皇太子となり、まず最初にしたことは願をかけた通り、四天王寺を建立することだった。そこに敬田院、悲田院、施薬院、療病院を作り、特に悲田院は親のない子や身寄りのない老人を収容する施設で、孤児院と養老院をかねさせた。施薬院は薬草を栽培し薬を調合し病気に応じて与える所であり、療病院は文字通り病院である。要は衆生救済の場所を四天王寺に作ったのだ。

冠位十二階や十七条憲法、遣隋使による中国外交などの政治上の業績は、『伝暦』にももちろん記されているが、『日本書紀』以上の記事になっているわけではない。だから政治上の業績は『伝暦』でことさら強調される事柄ではなかった。むしろ淡路島に珍しい香木が流れついたなどの方に興味が注がれている。その木は周囲一メートルほど、炊くと大変いい香りを放った。朝廷に献上したら、太子はそれを一目見るなり、これはインド産のセンダンという香木だ。きっとインドの神々が日本の国に仏教が興ったことを喜び送りとどけてくれたのだろうといった。百済の仏師に命じて、観音の像を彫らせた。

太子は聖人である。奇跡をあらわす。

甲斐の国から珍しい黒駒が献上された。太子はこの馬を神馬であろうとたいへん可愛がった。この馬は、乗ると天に登り、雲の上を駆けた。富士山の頂上に行き、帰りは越の国をめぐって雲の上から諸国を見下ろし、三日後に無事に帰ってきた。太子が黒駒に乗って急に空に登り姿を消してしまったのだから、人々が驚いたのはいうまでもない。この馬のくつわをとったのが調子麻呂《つきのこまろ》だった。『伝暦』にでてくる家臣は、秦河勝と調子麻呂だけだ。この二人が、キリストでいえば弟子であり使徒なのだ。太子は聖人、いってみれば教祖、だから普通なら何人何十人かの弟子がいてもおかしくないが、政治家でもあり朝臣に囲まれているためか、直接の弟子というか家臣はこれに限られる。ともあれ神馬を乗りこなせる太子は常人ではないというわけだ。

三十四歳のときのことだという。飛鳥の法興寺金堂に大仏を入れようとしたが、入口が小さくてどうしても入らない。鳥仏師の作だが、太子が智慧をしぼって妙案を考え、入口を壊さないで無事に納めることができた。これは太子の示す超人性ではないが、法興寺が太子と推古天皇の発願、特に太子の思いによって作られたことを強調したくて書かれているのであろう。

太子の超人性を示すことが、夢殿に関連していくつか書かれている。月に三回沐浴して夢殿に入り、あくる日に出てくると、海外で現在進行中の事件を話すことができた。三経義疏についても、わからないことは夢殿での瞑想中にシャカが教えてくれた。

さらに小野妹子が遣隋使として中国に渡ったとき、太子の命を受け、法華経を取りに南岳衡山《こうざん》に行った。ところが太子の魂が夢殿を抜けだし、自分で法華経を持って帰ってきた。それでは妹子は法華経を持って帰らなかったのか。そんなことはない、ちゃんと持って帰っている。

これにはわけがある。太子は衡山の慧思《えし》禅師の生まれ変わりで、彼が慧思禅師だった頃に使っていた法華経を取ってくるようにと妹子に命じた。妹子は持って帰ったが、それは慧思のものではなかった。太子はそれで夢殿にこもり、魂を飛ばして直接、慧思のものを持ち帰ったのである。というのも、太子の手もとにあった法華経には抜け落ちている箇所があり、それで昔持っていたものを取り寄せたいと思ったのだった。妹子は二度目の遣隋使として中国に渡り、ふたたび衡山を訪れたら、前に会った三人の老僧のうち二人は死に、一人は生きていた。彼は、妹子に渡した法華経は実は慧思のものではなく別の人のものだった、たいへん申し訳なく思っていたところ、去年、太子が青龍の車に乗り、五〇〇〇人のお供を従えて東の空から飛んできた。そして自分のお経を探しだして持ち帰ったと告げた。太子が魂を飛ばして法華経を自身で持ち帰ったことが証明されたのだ。このことは妹子が太子に語っている。

また太子は、天上界に登ってシャカの母の摩耶夫人のため三ヵ月間説法したというのもある。ともあれ太子は神通自在の人だったのだ。

さて、こんな太子なのだが、死に方も尋常ではない。

推古天皇二十九年、太子は沐浴して身を浄め、新しい衣装に着替えて、妃の膳菩岐岐美郎女《かしわでのほききみのいらつめ》に、私は今夜死ぬ、お前も一緒に参るがいいといった。妃は承知し、やはり新しい衣装を身につけ、二人は枕を並べて床についた。二人はなお生けるがごときであり、えもいえぬ芳香を漂わせていて、二人は静かに息をひきとっていた。翌朝、供のものが二人の寝室に入ってのぞくと、二人は静かに息をひきとっていた。二人はなお生けるがごときであり、えもいえぬ芳香を漂わせていて、死骸を棺に納めようとしたら衣服よりも軽かった。二人とも菩薩の化身だったというわけだ。

描写は美しいが、要は二人は心中したということだ。『伝暦』ではこうだが、『補闕記』では、太子は病でなく死んだと簡単に記すだけである。やはり自殺であろう。ただし妃の死は記されていない。

通説では、推古天皇二十九年十二月二十一日、母の穴穂部間人《あなほべのはしひと》皇后が死に、翌年正月二十一日、太子は病気になって死去、その前日、看病疲れで妃も死んでいる。三人がつぎつぎと死んだのは、悪質な流行病にかかったからであろう。

ただ『補闕記』も『伝暦』も、ここで終わっているのではない。太子が死去して二十一年後、太子の子息、山背大兄皇子が蘇我入鹿に攻められ、一族二十三人とともに斑鳩宮で自尽、太子の子孫はことごとく地上から消えてしまうのだが、『補闕記』はここまで。『伝暦』では、さらに入鹿が中大兄皇子のちの天智天皇に暗殺され、蘇我氏が滅亡するところまで書いてある。

『伝暦』では因果応報といいたいのだろうが、その下敷きである『補闕記』に、聖徳太子の子孫絶滅まで書いてあるのは、強い意味をこの事件にこめようとしている意志が感じられる。

ウマヤドと犠牲

聖徳太子の名は上宮厩戸豊聡耳（カミツミヤノウマヤドノトヨトミミ）と何とも長たらしいが、「上宮」は彼がはじめ居住していた御殿の名、厩戸は母が厩を視察しているとき厩の戸口に当たって苦労なく太子を産み落としたから、豊聡耳は十人の訴えを同時に聴き分けることができたからだ。

太子は用明天皇の皇子だが、他の皇子の名は来目《くるめ》、殖栗《うえくり》、田目《ため》、麻呂子《まろこ》、麻呂子の子が当麻《たいま》、太子の子が山背《やましろ》。用明天皇の皇子だけではない。皇子の名前はたいてい地名や養育してくれた氏族の名がつけられている。それなのに太子だけは「厩戸」。こんな奇妙な名は例をみない。「豊聡耳」などは明らかに『日本書紀』を編纂する段になって、聖徳太子伝説捏造と同時にできあがった名だ。ところが「厩戸《うまやど》」は太子の美化に役立つ名ではない。それなのにこんな奇妙な名がついているのはどうしたわけか。

鎌倉時代の橘寺僧法空の『上宮太子拾遺記』には、橘寺東南あたり、相承田地の文書に厩戸の号があったとし、そこからつけられた名にしているという。しかしそんな些細なことではないだろうと、明治時代の歴史学者久米邦武は考えた。厩戸に当たって誕生したという伝説は、キリストが厩で生まれたという『新約聖書』ルカ福音書の説が唐に伝えられた景教に伴って日本に渡来し、僧徒が太子に付会したものだろうとしたのだ（『聖徳太子実録』）。坂本太郎は、これはあまりにとっぴであると退けている（『聖徳太子』吉川弘文館）。

本当にそうだろうか。坂本の方が間違っているかもしれない。いずれにしても、これは今後の問題である。

キリストは十字架にかけられ処刑されたが、彼は人々の罪をあがなうために死んだ。人々の原罪の犠牲になったのだとされている。もし『日本書紀』以外の太子像が『新約聖書』の影響を受けているのなら、太子の死も犠牲だったかもしれない。

『補闕記』では病気ではなくて死去したとあるが、『伝暦』では妃と心中したととれる記事になっている。この記事だけでは、二人の心中は悲観や悩みのせいとはとれない。それよりも、この死は菩薩に歓迎されているのだ。空の彼方から二十五人の菩薩が音楽を奏でながら二人を迎えにきたというのだから、二人は浄土に往生したのである。めでたしめでたしともとれるが、それならいつ死んでも浄土に行けたはずである。わざわざ心中した意味が伝わってこない。『伝暦』は『補闕記』を下敷きにしているといったが、実はそれにさらに付加し、伝説を美化豊饒化しているといって過言ではない。もちろん少々の変更はある。伝説としては完成しているぶん、『伝暦』の方が四福音書に近い。福音書だってけっして四つに限られていたわけではない。正典四つにしぼられてはいるが、現在知られている外典の数はけっこう多い。正典に採用されなかった外典は不完全だったり、布教上問題があったりしたのであろう。

太子伝説でも『日本書紀』が原形だが、書紀は正史だから伝説的記述にはならない。これを聖人伝説にしたのが主たる四つの伝記だったわけだ。偶然かどうかはわからないが、これも四福音書に対応しているのではないか。太子伝説はこれ以外にも多々あったのだから。

『補闕記』で、太子死去にひき続いてすぐに山背大兄皇子の滅亡記事で最後にしているのは、それなりの理由があるはずだ。この事件は『日本書紀』に詳しく書かれているが、書紀にないことが一つある。蘇我入鹿暗殺と父蝦夷の自殺により蘇我氏が滅亡して大化の改新となり、そのとき天皇になった孝徳天皇が軽王《かるおう》として参加している。入鹿暗殺主謀者のひとり藤原鎌足の一族の名もあり、入鹿暗殺は孝徳天皇、鎌足、中大兄《なかのおおえ》のちの天智天皇による陰謀だったことを『補闕記』では明示している。しかしこの書の著者は、陰謀の真相を伝えるためにこの記事を書いたわけではなさそうである。

それ以外では、記事内容は『日本書紀』そのままといっていい。ただ太子の病なく死すに直結して太子の子孫が絶滅していることを記しているため、この事件の意味は書紀とは違ってとらえられていると考えていいであろう。

山背大兄皇子は味方から、挙兵して戦えば勝てるとすすめられたが、そのため傷つき死ぬ人がたくさん出る、それでは千歳まで民の怒りをこうむる、それにはしのびないといって自尽の道を選ぶ。まさに民のために、山背大兄皇子はじめ太子の子孫は一人残らず自尽して果てたのである。こうなると民のためにした犠牲であろう。

太子の死とともに犠牲になった二十三人は、それぞれ天人、天女の姿となり、あるいは霊鳥の姿となって舞い上がり、西の空へととび去っていった。これを仰ぎ見た人々は涙ながらに伏し拝み、おりから聞こえてくる天の音楽にいつまでも静かに聞き入っていたとある。人々は自分たちのために犠牲となって死んだ二十三人をいたんでいるのだ。

ユダヤの宗教キリスト教にあっては、個人の死の意味が痛烈であっても、彼の子孫のことにそれほど関心を示しはしない。ところが日本は違う。子孫の繁栄はその個人の生存の意味を強化する。子孫あっての個人なのだ。だから子孫が絶滅した太子は、自身の存在意義も消されてしまったことを意味している。子孫は民の犠牲だったと『補闕記』はいっているのである。

犠牲の表現は違っていても、『新約聖書』と『上宮聖徳太子伝補闕記』は同位相を扱っている。これは大いに留意していいことであろう。

それともう一つ、『新約聖書』と『補闕記』で共通することがある。太子は法華経を特に重視したことである。『補闕記』には小野妹子が遣隋使として南岳取経もしたという記事はない。高句麗から渡ってきていた恵慈《えじ》は太子の師だが、太子は師に対して法華経に脱字があると思うがどうかと確かめた。恵慈は他国の経にも同じく脱字はあると答えると、太子は夢殿に七日七夜こもって人々をいっさい近づけなかった。人々が不思議がるので、太子は三昧に入っているといって恵慈はなだめた。八日目になってみると、太子の机の上に法華経が一部のっていた。それがどんなものかは書いていないが、脱字のない完全版ということに違いない。ともあれ法華経が問題である。

書紀にも推古天皇一四（六〇六）年天皇に勝鬘経《しょうまんぎょう》と法華経を講じたとある。ただ三経義疏を作ったとはない。あるのは四つの伝記からである。四つの伝記ともに法華経を重視している。

法華経には二つの特徴がある。『新約聖書』の特徴でもある、神と人との合一と豊富な比喩だ。聖徳太子の伝記作者たちは、そろって法華経を重んじている。その法華経が『新約聖書』とまったく同じ特徴をそなえているのであれば、彼らは意図して法華経を探したといえまいか。もちろん『新約聖書』の影響を受け、聖徳太子を日本のキリストとして存立させようとしたからである。ただ彼らは、法華経の特徴をことさら書きはしなかった。当時書物を読める人々は限られていた。聖徳太子を聖人として喧伝できるものは、さらに少数の僧侶たちなどであった。太子伝説はそんな布教師のために書かれた。それならば布教師たちは法華経を熟知していて、布教するときになぜ太子が法華経を重視したかを正確に語りえたはずである。神と人との合一は太子の聖人としてのありよう、比喩は布教の方便、これをうまく使いこなしたはずである。

『未来記』

十四世紀半ば頃の南北朝争乱を描く『太平記』に、楠木正成が四天王寺に参詣して聖徳太子の秘文『未来記』の披見が許される記事がある。

本当でしょうか。聞くところによりますと上宮太子のはじめ頃、百王の治天の安危を考えて日本一州の未来記を書きおいたとのことです。もし拝見できるものなら今の時代の巻だけで結構です。見せてもらえないでしょうかと頼むと、宿老の寺僧が普通なら見せないところだが一巻を取りだして見せてくれた。その中にこんなくだりがあった。

人王九五代にあたり天下に一乱あって主の心は安んじない。このとき東魚がきて四海を呑んでしまう。西天に日が沈むこと三七〇余日。西鳥がきて東魚を喰うその後一三年が経つ。猿が一三年間天下をかすめる。大凶変じて一元に帰す。

この文章を読んで正成は不思議に思った。先帝（後醍醐天皇）は九十五代にあたる。「天下に一乱あって主の心が安んじない」とは今このときではないか。「東魚がきて四海を呑んでしまう」とは、逆臣北条高時とその郎党たちのことであろう。「西鳥が東魚を喰う」とは関東が滅亡することに違いない。「日が西に沈む」は後醍醐天皇が隠岐の島に流されていることを指すのだ。「三七〇余日」は明年の春頃に隠岐の島を脱出して京に帰り、ふたたび帝位につくことを示しているはずだと思った。のちに思うに、正成が考えたことは一事として違っていなかった。これぞ仏の化身といえる聖人（聖徳太子）が末代まで考えて書きおいたことである。歴史事実と少しも違わないとは本当に不思議であると、『太平記』の作者は感心している。

『日本書紀』には太子は「かねて未然を知ることができた」、すなわち未来を予言したという。しかし書紀には、太子がどんな予言をしたかはまったく触れられていない。『補闕記』の作者はものたりなく思ったのであろう。太子は四十五歳のとき、あたりの地相をつくづく見ながら、私の死後二五〇年たったら一人の帝王があらわれて仏法を尊び、この地に伽藍をたてるであろう。

この地は帝都として栄えるであろう。さらに一〇〇年もすれば都は北の方に移されるであろうといった、となっている。平城遷都、東大寺建立、平安京へのさらなる遷都を正確に予言したことになっている。

学者達はこの記事により、『補闕記』は平安遷都の七九四年以降成立の根拠としている。この記事は『伝略』にもある。ただこれだけでは迫力がないことおびただしい。太子の予言能力なんてこの程度かとなりかねない。それを憂いたものが、鎌倉時代前期にあらわれたらしい。藤原定家（一一六二〜一二四一）の日記『明月記』安貞元（一二二七）年四月十二日条に、「春から伝え聞いていた太子の石の御文を今日はじめて見た。土を掘るごとに御記文がでてくる。河内国太子の墓のほとりにお堂を建てようと石を曳いたところメノウ石がでてきた」とある。

定家が、磯長の太子の墓所ほとりから出土し四天王寺の聖霊堂に納められていたメノウ石の太子の御記文をこの日はじめて見たというのである。石の記文は天喜二（一〇五四）年、墓所から出土したものである。その後定家の言葉を借りるなら「末代土を掘るごとに出現」していた。

人王八十六代のとき、東夷がきて泥王国をとる（中略）安貞元年四月十七日、西戎国より攻めてくるが世間は豊かである。賢王の国として三〇年続く。その後、猿や犬が空から下りて来て人を食うのである。これを定家は、「人王八十六代のとき東夷が攻めてきて国は傾く。安貞元年（中略）四月十七日西戎がきて攻めるが賢王の國として三〇年間豊かなままである。その後猿が空から下りてきて人命を奪うのであろう」となおしている。

「人王八十六代東夷がくる」は承久の乱（一二二一年）をさすらしいが、安貞元年西戎が攻めてくるというのは何をさすのかわからない。文字を訂正したところに対しては「今一倍当時暗愚の雑人の筆か」といっている。それとたびたび出現する記文が事実と符合しているのかどうかは疑問としている。記文でいう四月はもうすでに過ぎているのではないか。それにしては何も起きていない。あてにならんといいたいようだ。

これから六年たった天福元（一二三三）年十一月二十三日、ふたたび『未来記』が話題となった。やはり『明月記』に、天王寺でまた掘りだした新記文の披露があった。どうも記文は毎年出現していたらしい（大木幹弥『太子信仰』評論社）。

『未来記』の内容がわかるのは、『太平記』『明月記』の以上の記事だけである。これを読むだけではっきり何事を指すのかよくわからない。最近『未来記』を開封したと称する著書がでている。『聖徳太子の「秘文」開封』（山上智、飛鳥昭雄。徳間書店）だが、この書によれば表現はきわめて黙示的で難解だとある。最初だけを紹介しているが、確かにわかりづらい。たとえば「真夜中に太陽を見る。北の方に月をだすばかり」なんていうのがあり、『新約聖書』の「ヨハネ黙示録」にきわめて似ている。

「突然大きな星が天から落ちてきて川の三分の一とその水源に落ちた」とか、「すると定められた時、日、月、年のため用意されていた四人のみ使いが人類の三分の一を殺すために解き放たれた」などといったことで埋められているのが「ヨハネ黙示録」であり、すべてが預言である。いずれにしても、聖徳太子像を造りあげるのに『日本書紀』完成の奈良時代前期から『未来記』成立の鎌倉時代前期まで、ほぼ五〇〇年間、『新約聖書』を参考にしてきた人々のあとが絶えなかったとみていいのではないか。彼らは太子を日本のキリストとしたかったのだ。

『伝暦』は『新約聖書』にあたるが、そのもとになった『補闕記』の作者に、「太子、日本のキリスト」なるイメージが鮮明に結像していたように思われる。「犠牲」を明確に打ちだしているからである。『新約聖書』でも、キリストの犠牲が最大の眼目なのだ。ただし犠牲ののちの復活に宗教としての超越性が表現されているが、『伝暦』や『補闕記』には復活はない。八百万の神や生まれ変わりを信じている日本人の心性にはなじまないという思いが著者たちにはあったのかもしれない。特に生まれ変わるのは不断に復活していることだから、別に珍しくも超越的でもない。多神教では唯一も絶対もなく、その代理者が復活などといわれてもピンとこないに違いない。

それでは、犠牲を生みだした『補闕記』の作者は誰かと問われなければならない。ここにそれを解明している恰好の研究書がある。『上宮聖徳太子伝補闕記の研究』（新川登亀男、吉川弘文館）。「伝」補闕記というからには、おぎなわれるべき伝記がある。『日本書紀』と菩薩伝、法王帝説が対象なのである。これまでの太子伝記は不備があって委曲を尽くしていない。「憤々」少なくないと冒頭で断っている。憤々というから憤慨だろう。それで作者は、『調使家記《つきのおみ》』と『膳臣《かしわでおみ》家記』によって補闕を試みたと書いている。調使家と膳臣家の資料を使ったというのだから、この二家の扱いが今までの伝記では不備だということになる。ならばこの二家がどう補闕されているかが問題である。

『日本書紀』には調使も膳臣も登場しない。『補闕記』では調使子麻呂《つきのおみこまろ》が太子の寵臣だったとある。ただし『伝暦』の黒駒の御者としてではない。太子が片岡で仙人と出会い、それが死んだはずなのに死体はなく、太子が与えた紫衣だけが棺の上にあった。太子は仙人を敬い、その衣を日常着用したという書紀の有名な場面に、子麻呂は従者として重要な役割を担っている。忠実な従者だったことが描かれている。仙人の立派な墓を造り厚く葬るのに子麻呂が奔走するのだが、なんとなく軽い。『伝暦』では太子とともに天を駆けめぐるまでに関係を密着させているのにである。

膳臣は、太子の妃、膳菩岐岐美郎女《かしわでのほききみのいらつめ》が他の妃たちとは比べものにならなかったことを強調されることで浮かび上がっている。あなたは私の意にかなわなかったことはなかった。あなたを得たのは私の幸福だと太子は述懐している。『伝暦』では共に死ぬことにされ、さらに存在が重みを増している。この二者以上に強調されているのが秦河勝《はたのかわかつ》である。

秦河勝は蘇我馬子と物部守屋の戦いで太子に扈従し、大活躍をして官位をもらった。また太子が諸国をめぐり、山城国葛野の地形をみて将来ここに帝都ができると予言したので、河勝は蜂岡寺を建立。さらにそこに造った太子自らの宮を彼にあずけた。親族をひきいて奉仕も怠らなかったので、新羅渡りの仏像を与え、褒賞として宮の南の山野、田地数十町を与えた。大変な功績であると作者はいうのだ。四天王寺を造り、のちに現在地である荒墓村に移すのも河勝の尽力だった。

『補闕記』は、『調使家記』と『膳臣家記』によって書いたといいながら、秦河勝の功績が最も顕彰されている。

それと山背大兄王子を滅ぼしたものとして、軽王と鎌足の一族、中臣塩屋牧夫《なかとみのしおやのまきふ》の名があるが、大化の改新後、孝徳天皇や藤原鎌足によって秦氏は二度失墜させられている。これに対する恨みが見え隠れしていると新川はいい、結論としては、秦氏の誰かが『補闕記』の作者だと明言している。たぶんそうであろう。

しかもこの作者は、広隆寺はもちろんのこと、四天王寺とも深くかかわる誰か。たぶん僧侶か。それを特定してはいないが、いずれにしても『新約聖書』の知識を豊富にもった広隆寺の僧で、秦氏出身の誰かということになりそうである。

第3章　ネストリウス教事情

正統と異端の狭間

『日本書紀』の聖徳太子は、『新約聖書』の影響下に創造された人物である可能性が高い。聖徳太子は対中国外交を本格的に遂行したとされてきたが、これは蘇我馬子の業績が転化されているる（拙著『扶桑国王蘇我一族の真実』新人物往来社）。とはいえ、日本人が海外知識を得るようになるのは、遣隋使、遣唐使による中国との交流からであるのはいうまでもない。また『日本書紀』編纂者たちが『新約聖書』の知識をもっていたとしたら、それは中国から得たものであって、それ以外の伝播経路は考えにくい。

中国にキリスト教がもたらされたのは唐の初期、大宗（在位六二六〜四九年）の時代で、ネストリウス教といわれ、中国では景教と呼ばれた。まずそのネストリウス教からである。

ネストリウスは五世紀前半に活躍した。生まれたのは現在のトルコ南部である。かれはアンティオキアで勉学し、同地の神学校で諸教理を吸収し、同地に隣接する修道院で修道士になる。

順調に出世し、四二八年には皇帝テオドシウス二世（在位四〇八〜五〇年）によってコンスタチノポリスの総主教に任命された。首都の総主教だから、これ以上の出世は望めないところまで進んだのだ。ただ彼は攻撃的な性格の人物だったらしい。思想的に相容れない者は容赦なく潰しにかかった。

彼の教区の司祭に、処女マリヤに「神の母」という称号を与えていることに反対するものがあり、彼はそれを強力に支持した。それが彼を窮地におとしいれる。

正統派の神学者たちは長い間この称号を用いていたし、しかも当時盛んになりつつあった処女マリヤ崇拝が、この称号を非常にポピュラーなものにしていた。大々的な論争がまきおこった。論敵たちはアレキサンドリアの総主教キュリロスを盟主とした。双方は教皇ケレスチヌス二世に提訴した。四三〇年ローマで宗教会議が開かれ、ネストリウスは敗北した。翌年エフェソス公会議で追放処分となり、四三六年にはエジプトに流罪、四五一年頃この地で没した。

アレキサンドリアの総主教とはライバルであり、首都の方が格上だったであろう。ライバルに蹴落とされたということだ。

「神の母」とはマリヤが神を生んだととれ、これでは人間が超越神を生むのだからどう考えてもおかしい。またたとえそれを容認したとしても、今度は神を生んだ母も神かとなり、それではキリストが「人間性」を失いかねない。キリストは全き人間であり神、神人合一存在なのだから、どちらにしてもマリヤが母ではいけない。

こう主張したのだが、世は俗論の方がウケる。マリヤ崇拝を背景にこの称号が公認されることになり、ネストリウスは異端とされた。

正統なキリスト論によれば、受肉したキリストが神性と人性の二つの性質をもっていて、各々が一つの格位あるいは実体に結合されている。これに対してネストリウスは、キリストはその独立性を強調し、この両者の結びつきを実体的であるよりも、むしろ道徳的なものであることを示唆したとされている。神の言葉（ロゴス）についての受肉性を否定し、キリストを「神の霊感を受けた人」としたとされている

しかしこれは事実とは違う。ネストリウス自身はそんなことはいっていない。彼を異端に陥れた人たちがこういったとしたまでである。実際のネストリウスは、神人合一は信じて疑っていなかった。ただ彼は、キリストの二つの性を、「神」と「人」、あるいは「受け取った側のもの」と「受け取られた側のもの」とは区別していた。この二つの意志の結合と考えていたのは間違いない。これをゆるやかな合一とするのが正統ということだったらしい。しかし正統、異端は勢力争いの結果であり、勝った方が正統であり負けた方が異端であるにすぎない。彼は異端のレッテルを貼られる前は、ちゃきちゃきの正統派として賞賛される存在だったのである。

アンティオキア学派の偉大な先輩テオドロス（三五〇頃〜四二九年頃）の言説とほとんど違ってはおらず、それよりも進歩しているともとられていた。アンティオキア学派は正統主義のゆえに賞賛されていたのだし、ネストリウスはテオドロスの直系だったから、反対派の蹴落としさえな

かったら、正統派中の正統だったのだ。

ネストリウスが断罪されて怒ったのは小アジアとシリアの諸教会である。エフェソス公会議の決定は一応受け入れられはしたが、妥協をいさぎよしとしない有力な少数派が残った。抵抗の中心は東シリアの都エデッサの有名な神学校だった。しかし四八九年にビザンチン（東ローマ）帝国の命令によってこの学校は閉鎖される。少数だが厳格なネストリウス派の残党はペルシアに移動する。

ペルシアにはキリスト教はすでに流入していて、西方教会からは独立した存在として成立していた。しかもネストリウスの大先輩テオドロスを正統としていたから、ネストリウス派は歓迎され主流となった。これが「東方教会」と呼ばれるものである。

この「東方教会」が隆盛をきわめるのは、ゾロアスター教から改宗した有能な指導者、大主教マル・アバ一世（在位五四〇〜五五二年）のときである。

ネストリウスの思想は確かにペルシアに受け入れられる素地がある。ペルシアの国教ゾロアスター教は、善神アフラマズダと悪神アングラマイニュの二神の対立抗争とアフラマズダの最終勝利を説くが、人間の内面にある善悪両面の葛藤を教理としている。二元思想なのだ。ネストリウスの神性と人性の区別は単一合一論よりは遥かに受け入れやすかったろう。だからゾロアスター教から簡単に改宗できたのではないか。また改宗した指導者が大主教にもなれたのに違いない。

ネストリウスが断罪されて間もなく、彼の教理のうち若干の重要要素が健全なキリスト論にとって不可欠なものとして承認され、カルケドン信条の中に組み入れられた。まことに皮肉なことではある。

ネストリウス教はペルシアでは隆盛を誇り、ペルシア帝国が六二一年にアラブに征服され滅亡してから以降でも、イスラム教カリフの統治下にもかかわらず圧迫をこうむることなく、教会の法的地位は保証された。教会と信者たちは別個の国民集団として承認され、保護さえ受けた。

三世紀にわたって東方教会は、カリフの統治下に繁栄の時代を築いた。しかしこうなると信仰の純度は低下し世俗化し、水準は下落してしまう。これが結局ネストリウス教の衰退を招く。それでも五世紀半ばから十世紀初期までの四〇〇年以上にわたってネストリウス教の東方教会は、ペルシア文化の中核的存在として存続したのであった。

中国伝来

中国への公式の伝来は、唐の大宗の貞観九（六三五）年にアルワーン（阿羅本）がきたときとされている。大宗は人々を救うよい宗教と考え、都の長安に教会を建立させ、波斯《ペルシア》寺と呼んだ。

次代の高宗（在位六五〇〜八四年）はアルワーンを崇め、鎮国大法王とした。各地に教会を建てさせ大秦《ローマ》寺と呼ばせる。この教会は中国人からは光り輝く教会の意味で、景教と呼ばれた。経典の漢訳も当初から積極的に行なわれた。初期には『景教一新論』『序聴迷詩所経』、のちには『景経三威蒙讃』（三位一体の礼讃）や『志玄安楽経』『宣元思本経』などが刊行された。

則天武后（在位六九〇～七〇五年）のとき一時弾圧されたが、玄宗（在位七一三～五六年）が宮中でその礼拝をさせてからまた教勢がのび、徳宗（在位七七九～八〇五年）の建中二（七八一）年に「大秦景教流行中国碑」が造立されるまでになった。

しかし武宗（在位八四〇～四六年）の仏教弾圧事件に巻き込まれてからは、甘粛、モンゴルに残存するだけとなった。ただネストリウス教はバイカル湖近くまで布教され、タタール族の一部も改宗した。

アジア各地に拡大されたネストリウス教の教会は、その後の相次ぐモンゴル人の侵寇によっても破壊されることはなかった。彼らがイスラム教に改宗する以前は宗教に寛容で、モンゴル領内に旅した西方の人々は、この地に定着しているキリスト教徒たちをモンゴル帝国の宮廷にさえ発見している。モンゴル人フラグによるバグダード征服でも、キリスト教をおかさなかった。フラグ自身は受洗したキリスト教徒だったかどうかは不明だが、彼の妻は確実にキリスト教徒であった。

タタール、モンゴルのネストリウス教はのちの時代のことであり、当面はこれ以上触れないが、のちの章でまた触れることもあろう、記憶にとどめてほしい。以上は『ブリタニカ大百科事典』『国史大辞典』を参考にし、ところどころは佐伯好郎『景教の研究』（一九三五年刊）によっている。

次に景教の特質として佐伯が挙げたものを紹介しておく。ネストリウス教が最初からそなえていたものもあるが、ペルシアに伝来して変質し、さらに中国に伝来し、中国化して変わった部分もある（『景教碑文の研究』大空社）。

一、マリヤを神母として拝むことに反対する（ローマ教会と異なる第一点）。

二、十字架を符標として用いるが、それ以外の形象は用いない（ローマ教会と異なる第二点）。

三、死者のために亡霊慰安の祈祷を捧げることを禁じないが、死後瀆罪説を認めない（ローマ教会と異なる第三点）。

四、聖餐式に用いるパンと葡萄酒はキリストの血と肉に変質しているとされているが、この変質説は採用せず、キリストの霊罪を主張する（ローマ教会と異なる第四点）。

五、僧位の八階級。法主、大徳、僧、執事、および四種の教会補助者で構成される（ローマ教会では法主、大監督、監督〈大徳〉、長老〈僧〉、執事の五階級。ローマ教会と異なる第五点）。

六、僧侶の妻帯を禁じない（中国景教では大徳、高僧などが妻帯したことは明らかである。仏教やローマ教会の独身主義とは違う。ローマ教会と異なる第六点）。

七、断食励行

八、法主は肉食せず菜食だが、高僧などの肉食は禁じない（これはネストリウス教がペルシア、インドを経由しているうちに仏教の影響を受けたせいか。ローマ教会と異なる第七点）。

九、法主（総管長）の就任は管長三人の互選による。これはローマ教会と大差はない。

十、聖書、祈祷文、讃美歌はシリヤ語である。ただギリシア語を使用するのを禁じてはいない

（ローマ教会はラテン語に限る。ローマ教会と異なる第八点。ただし中国では漢文が用いられている）。

これだけを読んでいる限りでは、一〇項目ともネストリウス教が最初から保持していた特異性であって、辛うじて法主のみが肉食せず菜食するのが仏教の影響であるにすぎない。むしろここに挙げられていないことに中国化がみえている。まず当時の中国の人々はキリストの復活を荒唐無稽として嘲笑したというから、景教では重要視されなかったらしい。景教の影響を受けたと思われる『補闕記』や『伝暦』などの聖徳太子の伝記にも復活がないのはそのせいかもしれない。生まれ変わりを信じる文化にあっても死者の直接的蘇生は見られないことになっているから、中国のように合理主義、現実主義の色濃い文化風土にあっては「復活」は嘲笑の対象としかならなかったのは当然といえば当然であろう。

景教の内容に関して、確かに「復活」は中国の人々にはなじめなかったかもしれない。しかしこの教えが大宗、高宗、さらには玄宗などの皇帝に認められたのだから、キリスト教の何かが唐の皇帝たちを動かした。それは何か。第一の要因は、キリスト教が鎮護国家の教えを説いたこと。聖書などを漢文で翻訳するため、中国古来の儒教や道教の概念を借用してキリスト教の種々の概念を説明した。そのときどうしても儒教、道教に近づいてしまう。それが中国化を急速にうながしたのはいなめないだろう。

中国にネストリウス教が正式に伝えられたのは大宗時代の六三五年だが、伝えたアルワーンは中国に派遣された特使だった。派遣したのは当時の東方教会の総本山。それはバグダードにあった。ネストリウス教すなわち東方教会は、イスラム治下になってもペルシアでは排斥されることもなく、むしろ保護を受けた。アッバース朝が首都をバグダードにおくと、大主教はペルシアからここに居を移した。

ネストリウス教がペルシアで隆盛を誇っていたときは、ペルシア領域に七つの大主教区があったほどである。このうちの中核となっていた大主教がバグダードにいて、この大主教がアルワーンを派遣したのだ。

国対国の外交々渉とまではいかなかったにしても、アルワーンにしては公式の訪問である。しかも受ける中国側も相当の礼をもって迎えている。アルワーンが中国にきて三年後にはネストリウス教は唐の公認となり国費をもって大秦寺が建てられ、僧二十一人が置かれるまでに厚遇されているのである。もちろん僧の給料も唐の朝廷が支払うのである。こんな外交々渉に近い交流が成立したのだから、当時の中国には相当数のネストリウス教徒が居住していて活発な商業活動を行なっていたに違いないと佐伯はいっている。商業活動が異国間の文化交流の基礎だと彼はいう。またそういった商人の布施があってはじめて教会も成り立つともいう。その通りであろう。

商人の相手は当然、中国人が主である。そうなれば景教徒商人は中国の人々と親交するためにも、景教に対して中国の伝統的価値観を共有する部分が求められたはずである。彼らが景教僧を刺激して、中国化を急速に進めることにもなったであろう。

佐伯が特に強調しているのは、祖先崇拝と父母孝養である。祖先崇拝の方はキリスト教になじまないはずなのに取り入れている。七八一年に建立された「大秦景教流行中国碑」の文章に、それは書かれている。生存者と死亡者の生霊のために毎日七回の祈祷をする、とあるのだ。これは『新約聖書』からでてくる祈祷行為ではない。

代宗（在位七六二〜七七九年）皇帝は父母に孝養を尽くし、民のために正義を行ない、繁栄がもたらされたのは神に祈ったからだとした。この場合の神が景教の神なのはいうまでもない。ここで景教の神が皇帝の父母に対する孝養をよみしている。『新約聖書』からでてくることとは相当ニュアンスが違う。

また同じ碑文には、玄宗の肖像画を教会内にかけていたことを記している。玄宗が真性な景教を修めたからと断ってはいるが、根本には皇帝崇拝思想が横たわっていることは明らかである。ヨーロッパ教会ならキリストや聖人の肖像を飾るのに、ここでは皇帝になっているわけだ。

『新約聖書』の四福音書と聖徳太子の伝記、特に『補闕記』と『伝暦』の近似性についてはまさに述べたとおりだが、これはこの両伝記が中国の景教経典から影響を受けて編纂された可能性が高いことを示している。

両伝記とも『新約聖書』の特徴をそのまま示しているのは間違いないが、中国化した部分に対してはどうか。皇帝崇拝と父母孝養である。

聖徳太子自体が皇帝に近い存在であり、それが美化されているのだから、両伝記ともにそのまま皇帝崇拝の書になっている。

父母への孝養。父の用命天皇が病気になって一週間ほどで死ぬのだが、その間太子は帯もとかず「天皇が一飯すると太子も一飯、天皇が再飯すると太子も再飯した」と『伝暦』には書かれている。天皇が死に、葬送のときは棺の列に従って歩き通したので、足はやぶれ血が流れ、その憔悴した姿は見るものの涙を誘わずにおかなかった。棺が石室の前におろされると、太子は雨の中で棺にとりすがって号泣した。見た人々は「今日の雨もきっと天が太子さまのご孝心に感じて流した涙雨であろう」と語り合った。

これも『伝暦』の記事である。ここには中国化された景教経典の影響がありはしないか。

日本伝来

明治三六（一九〇三）年、久米邦武が『聖徳太子実録』を発表し、『新約聖書』のイエス・キリストとよく似ている、その影響を受けて太子の人物像がつくられたに違いないと述べている。理由はこうである。

太子を懐妊するとき母は金色の僧の夢を見ていて、太子を救世観音の化身として産んだことにしている。キリストを懐妊するときのことだが、室内が突然光り輝き、天使が忽然とあらわれ、マリヤに救世主となる男の子を産めよといっている。太子懐妊のとき金色の僧が夢にあらわれ救世菩薩の化身の男子を産めよといっているのに似ていると、まず久米は指摘する。

次に厩での誕生である。

飛鳥、奈良時代に中国に渡った僧が多数いて、その中にはキリスト教のことを聞き知って伝えたものもいたであろうとしている。「大秦景教流行中国碑」についても触れている。坂本太郎はこれをとっぴだと一言のもとにはねつける。『国史大辞典』では天平八（七三六）年に景教徒が日本にきたが受容されなかったとある。

天平五（七三三）年に遣唐使が出されたが、三年後の天平八（七三六）年に副使が乗る第二船が、大使の乗った第一船より遅れて帰って来た。その中には唐僧道璿《どうぜん》、バラモン僧ボダイセンナ、林邑の僧仏徹の三名に同行した四人の異人がいた。その一人がペルシア人であり、李蜜翳という青年であった。『続日本紀』に叙位の記録があるが、この青年が何のためにどんな目的で連れてこられたか、ここに一度名が見えているだけで姿を消してしまい、生地も経歴も死去も全く知られていない。謎に包まれているが、「大秦景教流行中国碑」の銘文中にシリア語から、景教僧ミリーの子という僧医説がおこった（李家正『天平の客、ペルシア人の謎』東方出版）。

たとえこの青年が日本に残り景教を伝えたにしても、『日本書紀』完成が養老四（七二〇）年だから、書紀の記述に影響を与えることはできない。それならば書紀の編纂に『新約聖書』の知識を与えたのは誰か。

大山誠一は『〈聖徳太子〉の誕生』で太子像を創り上げるのにおおいに力を貸したのは僧道慈

だと明言している。道慈は大宝元（七〇一）年に遣唐使船で留学生として渡唐し、養老元（七一七）年に帰国、十七年間の在唐生活を送っている。則天武后の晩年から、玄宗の初期時代である。

彼は帰国してすぐ『日本書紀』編纂も手がけ、書紀の仏教記事は彼の記述だというのだから、編纂に影響を与えたどころの話しではない。

聖徳太子に関しては蘇我馬子、物部守屋の宗教戦争で、太子が四天王像をつくり守屋を倒すことができ、のちに四天王寺を建立したとある。まずそれは道慈が四天王信仰を広めるために創り上げたのだ。四天王寺は太子生存時代よりも半世紀のちの建立であり、そもそも難波吉士《きし》氏の氏寺であり、太子とは何の関係もなかったはずであるとしている。もちろん太子の仏教に関する記事は、すべて道慈が書いたものなのだ。

推古天皇の要請で太子が『勝鬘経』『法華経』の講議をしたのも道慈の創作。『勝鬘経』は道慈が勉学した三論系の難解な経典だし、これを説いたのは女性であって、女帝推古には好都合だったに違いない。

『日本書紀』では太子は推古二十九（六二一）年二月五日に亡くなっている。これはのちの伝記とは違っている。それではなぜ二月五日なのか。大山には長いあいだ疑問だったらしい。ところがこれは、玄奘三蔵の忌日だったことに気づく。玄奘は彌勒信仰の大家だったのである。

書紀では太子は高句麗から来た僧恵慈に学び彌勒信仰を植えつけられたらしいことになっている。これは彌勒下生信仰と考えていい。彌勒が菩薩のまま浄土の兜率天《とそつてん》に行き、そこで天人に説法し、五六億七〇〇〇万年後にこの世に下生して、龍華樹の下で三回にわたって人々を教化するというのが『彌勒下生経』なのである。この経典を日本にもたらしたのは道慈と思われると大山はいう。

彌勒はペルシアの国教ゾロアスター教の太陽神、ミトラから創られていて、これを道慈が信仰していたというなら、彼はペルシアの宗教知識に詳しかったと考えてまず間違いない。当然ネストリウス教、すなわち景教の知識もあっただろう。

彌勒下生は『新約聖書』のヨハネ黙示録を思わせる。キリストは天から降りてきて最終戦争でキリスト教徒の敵を絶滅させ、真の教徒を救い平和をもたらすとある。いわゆるキリストの再臨である。彌勒下生では不信心者や敵を滅ぼす戦争はないが、天からこの世に出現することはキリストの再臨と変わらない。このことを道慈は熟知していたのではあるまいか。

また聖徳太子が秦河勝に下賜した仏像も彌勒菩薩であるから、太子の仏教も彌勒信仰だったし、まず太子の伯父、蘇我馬子の蘇我氏の仏教も彌勒信仰だった、というよりゾロアスター教だったのだが、ここではこれ以上触れない（『扶桑国王蘇我一族の真実』）。

道慈が在唐したはじめのころは、中国史上唯一の女帝、則天武后の治世で仏教をあつく敬ったが、ゾロアスター教やネストリウス教などの外国の宗教を弾圧した。しかし彼女が退位したのちはそれもなくなり、玄宗に至っては景教保護をはっきりと打ちだしている。即位して二年、七一四年には、わざわざ殿中に景教僧を呼び入れているくらいだ。七一四年は道慈が帰国する三年前だから、彼が在唐中には景教は隆盛を迎えていたことになる。ただし道慈は仏教僧である。『日本書紀』で『新約聖書』のキリストに似せて聖徳太子を創りはしても、景教を信じたわけではあるまい。

しかし景教はペルシアからインドを経由して伝来したのだから、当時の唐の人々は景教も仏教の一派ぐらいにしか思っていなかったらしい。また仏教僧と景教僧もきわめて親しく交流していたと、佐伯好郎は書いている（『景教の研究』）。

則天武后がペルシアの宗教を排斥したのは例外であって、大宗、高宗、玄宗などの唐の皇帝だけではなく、それ以前の南北朝の皇帝も仏教を保護したし、同時にペルシアの国教ゾロアスター教も認めた。

ネストリウス教が中国に流入したのは大宗の時代より古いらしい。南北朝には流入していた気配が濃厚である。四～六世紀には中国に入っており、ゾロアスター教も含めて、祆教《けんきょう》といった。祆教とはペルシア教のことだ。六世紀のはじめ頃になるとネストリウス教のペルシア人が中国にき、布教その他の活動をしていた可能性はきわめて高い。ネストリウス教が入ってきたかどうかは定かでないが、日本にもペルシア人はきていた。斎明天皇時代（六五五～六六一年）にペルシア人数十人が日本を去ったという記事が書紀にのっている。蘇我馬子から入鹿までの三代は蘇我氏が大王であり、蘇我王権はゾロアスター教を信奉していたのは間違いない（『扶桑国王蘇我一族の真実』）。

だからネストリウス教も、ゾロアスター教とともに、もうすでに日本に伝来していたかもしれない。聖徳太子の遺跡とされる法隆寺の前身、若草伽藍だって、ゾロアスター寺院の痕跡を濃厚に示しているのである。

秦氏のネストリウス教

木島坐天照御魂《きしまにいますあまてるみたま》神社は、今は蚕の社として有名だが、秦氏の氏寺である広隆寺に隣接している。ここには鳥居が三つ、正三角形に組合った三柱鳥居がある。三面鳥居、三角鳥居とも呼ばれる。ともかく不思議なもので、こんなものはここにしかない。日本唯一というよりも、鳥居はインドにもネパールにもあるから、世界唯一といった方がいいかもしれない。

明治四十一（一九〇八）年、当時の東京高等師範学校教授、佐伯好郎は「太秦（ウズマサ）を論ず」を『地理歴史』に発表し、この神社を景教の遺跡とした。唐の建中二（七八一）年に建てられた「大秦景教流行中国碑」が景教の寺院、大秦寺にあること、正三角形を二つ重ねた六芒星形の印はユダヤのダビデ王のシンボルマーク、ダビデの星であること。「大辟神社」だが、「辟」は「闢」で、ダビデは「大闢」と書かれることなどから、大闢すなわちダビデを祭祀する秦氏は、遠くユダヤの地から東海の島国に流れついたイスラエルの遺民だというのである。また秦氏に関する雄略紀の記事から、景教がわが国に入ったのを五世紀半ばとしている。

だが景教が中国に入ったのは六三五年、正式に認められたのは六三八年だから、佐伯説は成り立たない。さらに「太秦」表記は『続日本紀』の天平十四(七四二)年八月五日条、秦島麻呂《はたのしままろ》が「大秦公」姓を賜ったのが初見であり、「大秦」表記を根拠に景教説を立てるのには無理がある(大和岩雄『秦氏の研究』大和書房)。

三柱鳥居についてはダビデの星と関連するかどうかは何も書いていないが、三角形の一辺の方向がゾロアスター教の聖方向、真北より二〇度西を正確に示している。それだけではなく、秦氏はゾロアスター教の祭祀を司る氏族だったのは間違いない(『扶桑国王蘇我一族の真実』)。

それはともあれ、秦氏が景教とも関係があったかどうか？　これが問題である。

秦氏の居住地、山城国葛野郡太秦、ウズマサをいつ「太秦」と表記するようになったか。ウズマサなる姓を秦氏が称したのはもっと古い。『日本書紀』に禹豆麻佐として出てくるからだ。書紀完成の養老四(七二〇)年までには「ウズマサ」はあった。しかし表記は「太秦」ではなかったようである。

秦氏は天平十四(七四二)年の賜姓のとき、表記を「太秦」としてもらったのであろう。ウズマサは前からあった名である。これに「太秦」表記を求めたのは、秦島麻呂自身であろう。「太秦」は佐伯が指摘するとおり、景教寺院大秦寺を意識してつけられたに違いない。ただ五世紀ではあるまい。そのころ秦氏は蘇我氏のもとでゾロアスター教の祭祀を司っていたのだから、景教改宗はこのときではない。

それではいつかとなるが、これはのちに詳述する。天平十四(七四二)年以前に秦氏が景教にじかに接している可能性があったかどうか。まずそれを探すべきであろう。実はその可能性を強く秘める人物がいたのである。秦朝元《はたのちょうげん》である。

僧弁正の子で、大宝年中（七〇一〜七〇四年）に留学生の父および兄の朝慶とともに唐にいたが、父兄の客死で一人帰国した。道慈と同じ養老元（七一七）年の帰国であろう。天平五（七三三）年の遣唐使では判官として渡唐し、遅くとも天平八年には帰国している。父の弁正は玄宗皇帝には賞遇されたというから、留学生時代にすでに玄宗に拝謁している可能性がある。遣唐使の一員として渡唐したときには、父の縁から、玄宗より厚く賞賜されている。

玄宗は景教を保護したし、秦氏そのものがゾロアスター教祭祀氏族だから、ペルシアとの関係は深い。留学生時代、さらに遣唐使の一員として渡唐のときにもペルシア人と交流した可能性は高い。景教を積極的に保護した玄宗が、弁正や朝元を厚遇したのも、秦氏の背景にある「ペルシア」性に興味を抱いたからではあるまいか。玄宗に反乱した安禄山だって、もとは玄宗に寵愛された取り巻きであり、ペルシア人だったのだ。玄宗はそれほどペルシアが好きだった。

その玄宗に気に入られていた弁正、朝元が景教と接触がなかったとはまず考えられない。朝元の娘は桓武天皇の腹心の臣、藤原種継の母であるから、秦氏を代表する人物だった。彼がウズマサを太秦と表記し、景教信徒であることを表明したのではないか。彼は天平十八（七四六）年に主計頭になっている。「太秦公」の姓を下賜された秦島麻呂は、天平十九年に長門守に任じられ年内に没しているから、朝元、島麻呂は同時代人だ。朝元は外従五位上、島麻呂は従四位下でこちらの方が上位である。島麻呂の方が氏の長者だったのかもしれない。しかし秦氏はきわめて結束の強い氏族である。「太秦」は朝元と島麻呂がはかって朝廷に認めさせた姓ではなかったか。もちろんこのときまでには、秦氏の宗教は景教になっていたはずである。その恰好の証拠が残っている。

時代は下るが空海のことである。彼は延暦二十二（八〇三）年、最澄とともに遣唐使船にのって留学生として渡唐し、三年後に帰国している。唐にいた三年の間に景教碑を見ているはずである。景教碑は七八一年に建てられ、仏教弾圧と同時に景教も巻きぞえを食い、八四五年には地中に埋められたらしい。空海は景教碑を見ただけではない、この碑を建てた景浄ともつながっていたのである。景浄は空海の師、般若三蔵とともに大乗理趣大波羅蜜経を訳していたのである（『景教碑の研究』）。

景教の「景」は日と大をあらわす。「京」は「大」だからだ。「景」すなわち「大日」である。「大日教」は空海の真言密教そのものではないか。景浄と般若三蔵のむすびつきは、景教と「大日教」の相互影響を示しているに違いない。般若三蔵から梵語を学んだ空海は、景教のことを知らなかったはずはない。

ただこれだけなら、空海と秦氏は結びつかない。もっと直接的証拠があるはずである。秦氏の氏寺、広隆寺に空海が読んだという「空海上人御本」なる『上宮聖徳太子補闕記』が現在でも保存されている。ただ「伝補闕記」から「伝」が抜けているそうだ。

空海没後、広隆寺は空海に連なる「空海門流」が別当に補任されるのが普通になるから、空海自身も広隆寺、ひいては秦氏と深いつながりをもっていた。しかも彼は『補闕記』を洛陽で読んだらしい。「空海上人御本」には「於洛陽」と書かれているのだ。『日本書紀』の太子記事や『補闕記』は『新約聖書』を参照して書かれている。空海もそれを知っていて、あらかじめ『補闕記』を中国に持参し、『新約聖書』と対照してみたのかもしれない。

空海は『補闕記』を書き直し、もっと完全な『新約聖書』型の伝記にしたいと思って唐に持参したのではないか。広隆寺には「空海上人御本」だけではなく、空海が書いた太子伝記のメモぐらいは残っていたかもしれない。

『聖徳太子伝暦』は完成された太子伝記であるとともに、きわめて『新約聖書』に似ている。延喜十七（九一七）年に藤原兼輔によって書かれたとされている。ただ兼輔がもしこれを書いたとしても、彼は三十六歌仙の一人でもある歌人で、人柄は温厚、情愛が深く世話好きであったという。そんな人柄の人が『新約聖書』を参考に太子伝を完成させるだけの革新性や好奇心を持っていただろうか。彼が広隆寺や秦氏と親近したかどうかは不明である。ただ「太秦」ウズマサといえば平安時代には広隆寺のことといい、『今昔物語』や西行の歌にもみえている。だから歌人の兼輔が広隆寺と近い関係にあっても別におかしくはない。兼輔は空海のメモなりをみて『伝暦』を完成させたというのなら、よくわかる。

第4章　秦氏の軌跡（興亡雑記）

蘇我王権内の秦

『日本書紀』に、秦は百済から一二〇県の民を引きつれて帰化したとある。ただし秦とあるのではなく弓月君《ゆずきのきみ》であり、これが秦氏の祖先とされているのである。秦氏に対してよく似た渡来氏族東漢《やまとのあや》氏の先祖、阿知使主《あちのおみ》が十七県をつれて帰化したのが、弓月君より六年後のこととしてある。

秦氏は、応神天皇時代に渡来したとするならば、五世紀はじめごろまでに日本にきていたことになる。

時代はそうかもしれない。しかし秦氏は朝鮮半島から渡来したのではない。中央アジアから蘇我氏を盟主として、現在のシベリヤ南部を経由して日本海に出、安倍氏と合流し、三氏が北海道か東北北部に渡り、しだいに南下し、飛鳥に蘇我王権を確立するにいたる。

蘇我氏はバイカル湖南岸にいたトルコ人、高車であり（『扶桑国王蘇我一族の真実』）、秦氏はおそらく現在のアフガニスタン北部一帯に巨大王国を築いた大月氏であろう。ただ天山北麓のカザフ共和国、新疆・ウイグル自治区北部付近に昔クルジアといったところがあり、そこに弓月《クンユエ》とヤマトウなる地名があって、ここが秦氏の故郷ではないかとする説がある。清川理一郎は『猿田彦と秦氏の謎』（彩流社）でヴァンミータ美子（『幻の橋』レミナント出版）が「ヤマトウ」を確認したと断っている。いずれにしても大月氏が支配していた地域に変わりはない。

秦氏が大月氏だった可能性は高いが、最盛期にはクシャン王国を成立させ、仏教保護で有名なカニシカ王（二世紀）まで出しているのだ。ただ三世紀以降、一時復興することもあったが、五世紀の半ばには滅んでしまう。大月氏は月氏の分岐であり、月氏はもともと東方から中央アジアに移動してきたのであり、日本に渡来した秦は東方に逆戻りした大月氏か月氏の一部族であり、バイカル湖南岸に屯していた高車の一部族と合流した。「弓月《クンユエ》」や「ヤマトウ」の地は、月氏が東や西に移動した経路上に位置しているに違いない。

月氏や大月氏は騎馬民族であるが、高車の部族王、蘇我氏を盟主としたというのは、軍事力では劣勢だったに違いないからだが、集団としては人口が相当多かったと思われる。雄略天皇時代に二万人近い数になっていたと書紀にはある。

ただしこの二万人は雄略天皇に仕えていたのではない。蘇我氏のもとで、織物、建築、土木、冶金などの殖産部門を受けもっていたのだ。日本への渡来は大集団の移動だったため、蘇我、安倍の両氏とともに沿海州から日本海に渡海したのは秦氏の主力とはいえ一部であり、その多くは朝鮮半島を南下し百済にきていて、遅れて日本にやってきた。

蘇我氏は雄略天皇死後に奪権し、一度王権を確立するが、王権確立の協力者、継体天皇にそれを奪われる。しかし間もなく勢力をもりかえし、継体一族を滅ぼし、飛鳥に王朝を開く。馬子、蝦夷、入鹿の三代は大王だったのはまず間違いない。

その蘇我王権内にあって秦氏は美濃、近江以西に地方官僚として派遣され、特に九州豊前に宇佐八幡宮を中核として強力な勢力をつちかった。『隋書』には「秦王国」として出てくる。豊前の「秦王国」は蘇我稲目によって扶植された人々が成立させたものであり、九州王朝倭国を牽制、監視する役割を担った。ただし通説では九州王朝倭国はなかったし、秦氏の存在もこんなことにはなっていない。中国の正史『梁書』『隋書』『旧唐書』などを読めば誰でも簡単に推理できることだが、どうしたわけか学者たちはこれに触れたがらない。

秦氏は前述したとおりゾロアスター教の祭祀を司った。宇佐八幡宮もゾロアスター神殿だったのだ。八幡はヤハタと読みヤハタとは多くのハタを意味するから、この神社は秦氏の氏神であるのはいうまでもない。これがゾロアスター神殿だったのは、飛鳥時代に境内に建立された彌勒寺をはじめ近接する寺々がゾロアスター教の聖方向を正確に示していることからもわかる（図4-1）。

寺や神社がゾロアスター教の聖方向を示すことでわかってくる秦氏の痕跡は、あちこちにみいだすことができる。

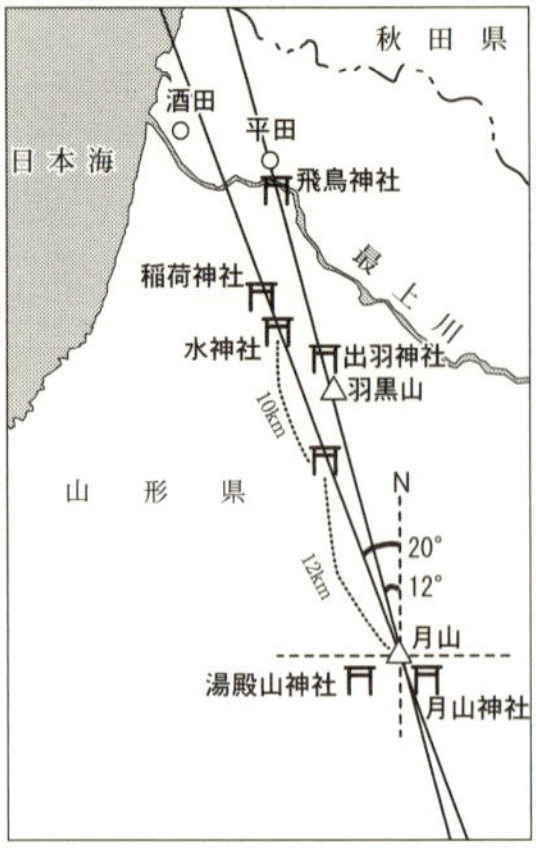

図 4-3　月山と猿田彦神社（山形県）

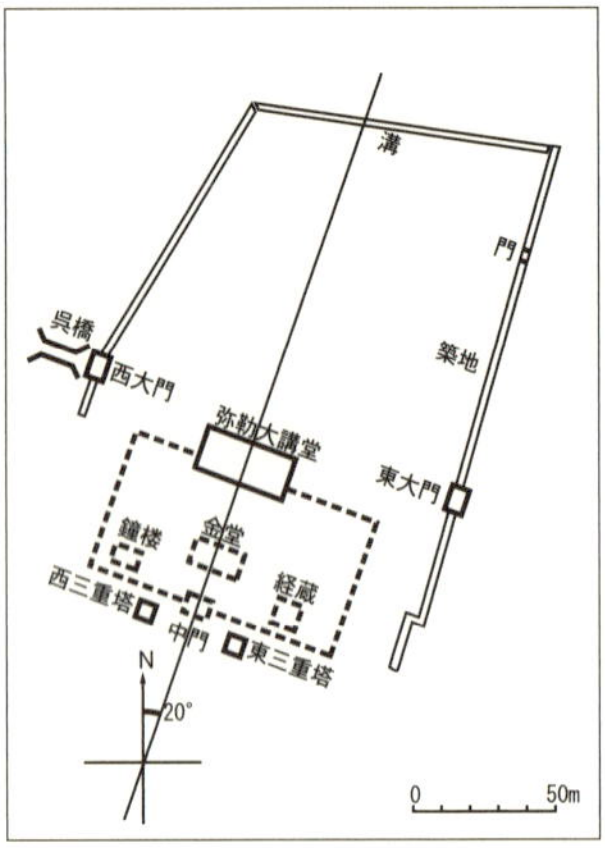

図 4-1 弥勒寺

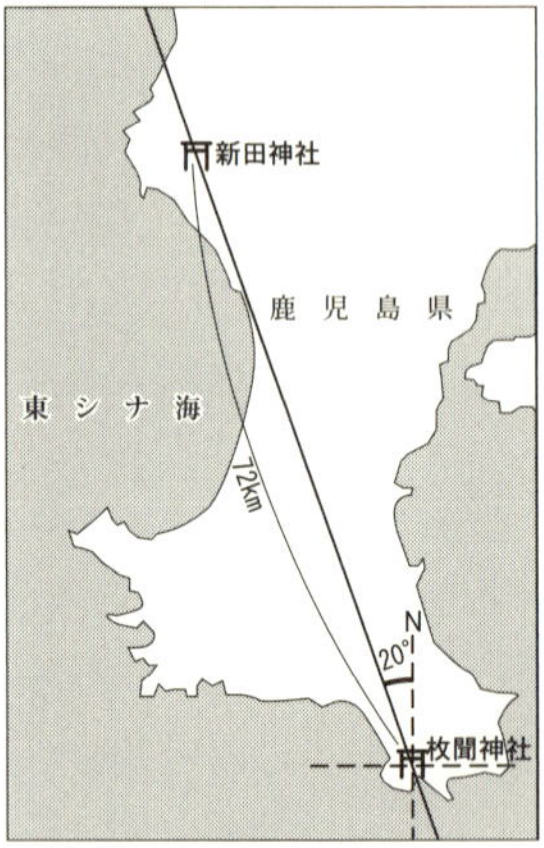

図 4-4　新田神社と枚聞神社

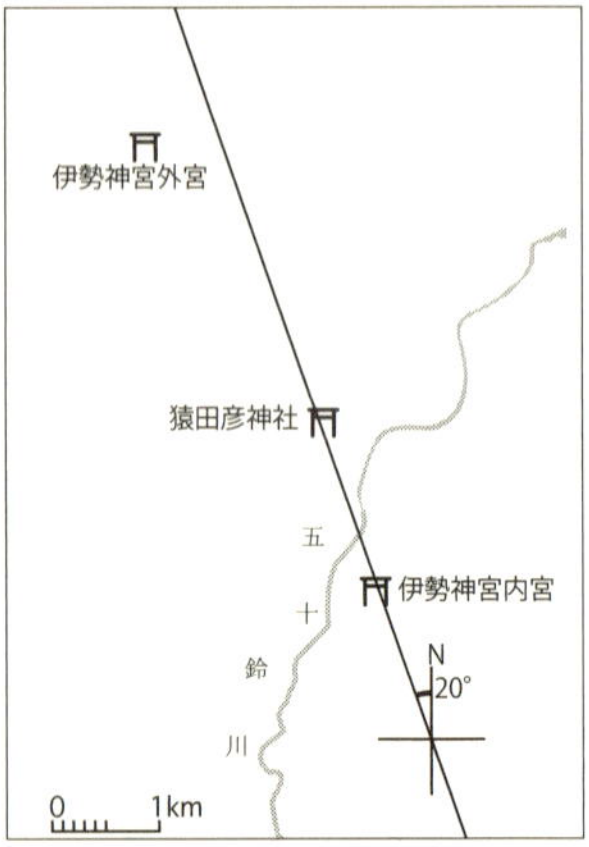

図 4-2　伊勢、猿田彦神社

まずは伊勢神宮だ。伊勢神宮は内宮外宮も南面し、神社の建物はゾロアスター教の聖方向を示しはしない。しかし内宮から北北西二キロ弱のところにある猿田彦神社と内宮本殿を結ぶと、正確に二〇度西に傾いている（図4―2）。この延長線上二十五キロ北に椿大神社。猿田彦神社も椿大神社も祭神は猿田彦で、神職は宇治土公氏。これぞゾロアスター教の聖方向なのだが、こんな関係を示す神社同志はいくつかある。

山形県の出羽三山のうち月山山頂と猿田彦神社、その間一二キロ（図4―3）。薩摩半島の南端枚聞神社と新田神社（図4―4）。どういうわけか両方とも薩摩一の宮、その間七〇キロ。枚聞神社は祭神が猿田彦で新田神社の神職は秦氏の後裔、惟宗《これむね》氏だ。

それでは伊勢神宮に秦氏はかかわるのか。もちろん大いにかかわっている。それもゾロアスター教、拝火教の祭祀氏族らしく、火に関してだ。『延喜式』に、神宮の火にかかわる神事には秦氏の女児「火炊小子《ひたきちいさご》」を呼びよせ火を炊かせるとある。伊勢神宮は、皇室の神社になる前はゾロアスター神殿だったらしい。

内宮の境内をよくみるとわかることだが、北北西はゾロアスター教の聖方向であり、その方向から境内に入ることになっている。これはゾロアスター神殿の入口と同じ方向に入口があるということなのだ。秦氏が祭祀するゾロアスター神殿だったのを取り上げ、皇室の氏神としてしまったのに違いない。

崇神天皇が疫病の流行で困っていると、三輪の神が巫女に憑依し、自分を祀らないからだといったので、天皇は三輪の神の指令どおり大田田根子《たねこ》を探しだし、丁重に祀らせると疫病はやんだという話が『日本書紀』にのっている。

崇神天皇はおそらく蘇我王権の初代の投影で、大田田根子は多氏の祖先であるから、彼は多氏を呼び寄せ応神朝の祖霊をうやうやしく祀らせたのであろう。

秦氏は奈良時代以降になると多氏と同祖とまでいうようになるが、蘇我王権内では多氏の保護役を果たしていたらしい。

近江と秦、太子の古刹

多氏とは『古事記』編纂者、大安万侶の氏族であり、「大」と表記することもある。

ゾロアスター教の聖方向に猿田彦がついてまわるのは、猿田彦が秦氏の氏神だからだ。秦氏の氏神社、稲荷神社の祭神三柱のうち、一柱は猿田彦であることからもわかる。記紀では、猿田彦は天降ったニニギの先導役を果たし、高千穂に導いている。天皇家の氏神神社、伊勢神宮内宮と猿田彦神社がゾロアスター教の聖方向で結ばれ、しかも猿田彦神社が入口に位置しているのだから、伊勢神宮自体が何らかの意味で秦氏に誘導されてこの地に造営されたに違いない。天照大神はもともとゾロアスター教の主神アフラマズダだったのである。それを天皇家に奪取された。時代は天武天皇のときであろう。

以上を前提に近江と秦氏の関係を探りたいのだが、まず目につくのは近江の湖東地方、特に織田信長が居城とした安土城近くに、聖徳太子建立といわれる寺院が圧倒的に多いことである（図4−5）。これが直接秦氏とつながるかどうかは明らかではないが、太子信仰を広めるきっかけとなった『上宮聖徳太子伝補闕記』が秦氏の誰かによって編纂された可能性が高いのだから、聖徳太子建立伝説の寺院と秦氏とは無関係ではありえまい。

聖徳太子建立の寺として『伝暦』では四天王寺（摂津）、法隆寺、蜂岡寺（山城）などの十一院をあげているが、四天王寺と蜂岡寺（広隆寺）以外は大和である。大和が多いのは、太子が飛鳥、斑鳩の大和の地で活躍したのだから当然ではある。

ところが現在まで太子建立寺院と伝えられているものは全国で相当数に上る。そのうち比較的縁起がはっきりしているのものとして五十七ヵ寺を選び、分布を調べると次のとおりだ。

大和、法隆寺以下二十二（三十八・六パーセント、以下パーセント省略）。山城、六（十・五）。河内、五（八・八）。摂津は四天王寺と山中寺の二（三・五）。近江、十三（二十二・八）。その他、九（十五・八）となる。大和が多いのはいいとしても、近江が二十三パーセントにもなるのは注目すべきであろう。

ちなみに古代に秦氏が近江に分布していた郡は愛智、神崎（神前とも表記）、犬上、蒲生、浅井、坂田、高嶋であり、近江の太子建立伝承寺院十三のうち十一が秦氏居住郡にある。その十一寺院は坂田、愛智、神崎、蒲生郡にあり、特に安土城を中心とする愛智、神崎、蒲生の三郡は十寺院が集中する。安土城は蒲生郡にあるが、神崎郡との郡境に位置しているから、この十寺院は

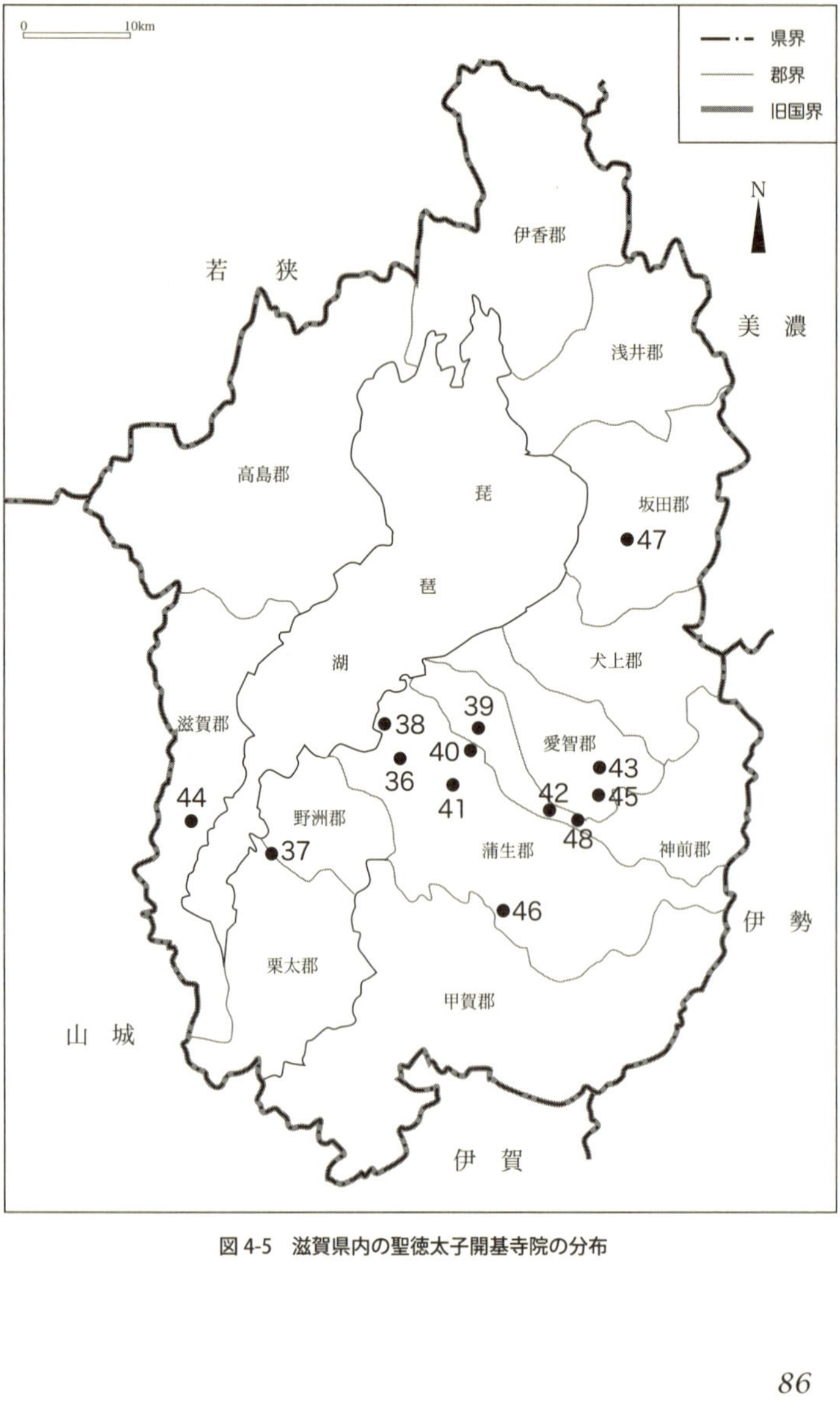

図 4-5　滋賀県内の聖徳太子開基寺院の分布

安土城を取り巻いているともとれる。寺院の方が遥かに早く建立されているから、逆に信長は太子信仰のどまん中に居城を築造したともいえる。

永禄十一（一五六八）年に信長が足利義昭を押し立て六万の兵をひきいて岐阜を出、京を目指して近江路を進撃していくとき最初に立ちはだかったのが、のちの安土城の至近距離にあった観音寺城の六角義賢《よしかた》だ。ただし、抵抗するつもりだったがあまりの大軍におじけづき、義賢は子義治とともに観音寺城を捨て、甲賀にのがれた。それでも義賢はこののちもかたくなに信長に抵抗し、信長が岐阜に帰ると、思い出したように観音寺城に帰って反攻をくり返した。要するに、信長に属したくなかったのである。

鎌倉幕府の創業から活躍、足利幕府では中核的重臣であり、近江守護大名であった誇りだけがその理由ではあるまい。軍事同盟氏族の浅井・朝倉滅亡（大正元、一五七三年）後さらに二年、激動の近江で七年間も執拗に抵抗したのには、何かもっと深い理由が隠されているのではないか。

信長は太子信仰の集約地方である近江湖東の中央部、安土に居城を築いた。六角氏の観音寺城を見下ろす位置にだ。彼が六角氏の存在を相当意識していた証拠だ。太子信仰と六角氏が安土城立地の重要要素であるのはまず間違いないであろう。しかし信長は政治家である。太子信仰が安土城築城の理由であるとは考えにくい。太子信仰を支える背後勢力にこそ着目していたはずである。それは秦氏であり、六角氏であったに違いない。

六角すなわち佐々木氏は宇多源氏で、平安時代前期の宇多天皇（在位八八七～九七年）の子孫で

31	河内	御廟寺（叡福寺）	南河内郡太子町2146	石川	真言宗
32	河内	大聖勝軍寺	八尾市太子堂3-3-16	渋川	真言宗
33	河内	茨田寺	——	茨田	
34	摂津	四天王寺	大阪市天王寺区四天王寺1-11-8	東成	和宗総本山
35	摂津	中山寺	宝塚市中山寺2丁目11-1	河辺	真言宗 中山寺派
36	近江	願成就寺（石成寺）	近江八幡市小船木町73-1	浦生	天台宗
37	近江	観音寺（芦浦観音寺）	草津市芦浦町363-1	栗太	天台宗
38	近江	長命寺	近江八幡市長命寺町157	浦生	天台宗
39	近江	石馬寺	東近江市五個荘石馬寺町823	神崎	
40	近江	繖寺（繖山観音正寺）	浦生郡安土町石寺2	浦生	天台宗
41	近江	武作寺（長光寺）	近江八幡市長光寺694	浦生	高野山真言宗
42	近江	瓦屋寺	東近江市建部瓦屋寺町436	神崎	
43	近江	百済寺	東近江市百済寺町323	愛智	天台宗
44	近江	西教寺	大津市坂本5丁目13-1	滋賀	天台真盛宗
45	近江	東光寺	東近江市平尾町718	神前	
46	近江	金剛定寺	浦生軍日野町大字中山	浦生	
47	近江	蓮華寺	米原市番場511	坂田	
48	近江	石塔寺	東近江市石塔寺	神崎	
49	近江	真福寺	岡崎市真福寺字薬師山6	額田	天台宗
50	讃岐	伊舎那院	三豊市財田町財田中4358	苅田	真言宗単立
51	丹波	石龕寺	丹羽市山南町岩屋2	氷上	高野山真言宗
52	播磨	鶴林寺	加古川市加古川町北在家424	加古	天台宗
53	播磨	斑鳩寺	揖保郡太子町鵤709	揖東	天台宗
54	備後	浄土寺	尾道市東久保町20-28	御調	真言宗 泉湧寺派
55	備後	紫雲寺	津市寺町	安濃	
56	備後	法安寺	西条市小松町北川157番地	新居	
57	備後	香園寺	西条市小松町南川19	新居	真言宗

聖徳太子開基寺院リスト

※現存または跡地の所在地が明確なもののみ

	地域	名称	現住所	郡	宗派
1	大和	法隆寺	生駒郡斑鳩町法隆寺山内1-1	平群	聖徳宗
2	大和	法隆寺	生駒郡斑鳩町岡本1873	平群	聖徳宗
3	大和	法隆寺	生駒郡斑鳩町三井1570	平群	聖徳宗
4	大和	中宮寺	生駒郡斑鳩町法隆寺北1-1-2	平群	聖徳宗
5	大和	平群寺（平隆寺）	生駒郡三郷町勢野東2-11-60	平群	融通念仏宗
6	大和	大和額安寺（熊疑寺）	山門郡山市額田部寺町36	平群	真言律宗
7	大和	信貴山（牛臥寺）	生駒郡平群町信貴山	平群	
8	大和	片岡山放光寺	北葛城群王寺町本町2-6-1	葛下	黄檗宗
9	大和	達磨寺	北葛城群王寺町本町2-1-40	葛下	
10	大和	長林寺（穴闇寺）	北葛城群河合町大字穴闇小字瓦ケ谷	広瀬	黄檗宗
11	大和	大和尼寺廃寺（般若寺）	香芝市尼寺	葛下	
12	大和	山田寺	桜井市山田	十市	法相宗
13	大和	元興寺極楽坊	奈良市中院町11	添上	真言律宗
14	大和	橘寺（菩提寺）	高市郡明日香村	高市	天台宗
15	大和	立部寺（定林寺）	高市郡明日香村立部	高市	
16	大和	比曽寺（世尊寺）	吉野郡大淀町上比曾	吉野	曹洞宗
17	大和	当麻寺	葛城市當麻1263	葛下	高野山真言宗・浄土宗
18	大和	興厳寺（豊浦寺）	高市郡明日香村大字豊浦	高市	浄土真宗本願寺派
19	大和	大窪寺（国源寺）	橿原市大久保町	高市	浄土宗
20	大和	日向寺	橿原市南浦町54	高市	
21	大和	久米寺	橿原市久米町502	高市	真言宗御室派
22	大和	大福寺	北葛城郡広陵町的場	広瀬	高野山真言宗
23	山城	神道寺	木津川市山城町神道子	相良	
24	山城	乙訓寺	長岡京市今里3-14-7	乙訓	真言宗豊山派
25	山城	法観寺	京都市東山区八坂上町	愛宕	臨済宗
26	山城	広隆寺（上王宮院）	京都市右京区太秦蜂岡町	葛野	真言宗御室派
27	山城	六角堂頂法寺	京都市中京区六角通東洞院西入堂之前町248	愛宕	天台宗
28	山城	阿弥陀寺	京都市上京区寺町今出川上ル鶴山町	愛宕	天台宗
29	河内	野中寺	羽曳野市野々上五丁目9番24号	古市	高野山真言宗
30	河内	太平寺	大阪市天王寺区夕陽丘町	東成	曹洞宗

あって、秦氏ではない。ただ宇多天皇の子孫というのも怪しいらしく、要は奈良時代から近江湖東に屯した豪族、沙々貴山氏ということだ。沙々貴山氏は沙々貴神社神職であったが、この神社は、古く奈良時代以前にさかのぼる。というよりも縄文時代から祭祀場だった可能性が高いが、まあそれはいいとして、佐々木氏は秦氏とは違った筋の湖東の支配氏族だった。それでは秦氏とはまったく関係がないか。

佐々木の分流に、鎌倉時代初期から長門で、石清水八幡宮の別宮、伊佐別府を治めさせられている伊佐氏があったが、最初に伊佐氏を称した行綱の孫に「秦氏」というのがいる。生存したのは鎌倉中期であろう。名前に「秦」がついているから秦氏と関係があろうというのではない。

実は法隆寺の工匠は、鎌倉初期には秦、橘、平、藤原に限られていたのに、いつの間にか秦が源姓に変わったらしい。法隆寺工匠など身分が低い、源氏が秦を名乗る、それに何ほどのことがあろうと思いがちだが、そんな簡単なことではない。中世以前にあって、姓を変えるには一族全体の総意が必要であった。特にそれが源、平、籐、橘を、それ以外の秦や蘇我、物部などの姓に変更するにはそれなりの手続きが必要だったはずだし、またそうしない限り一族は納得しなかったであろう。一族の中から下位の姓に下がるものがあっていいわけがなかろう。

宇多源氏の佐々木氏分流が鎌倉時代中期になって「秦氏」を名乗る者があらわれる（『尊卑分脈』）。源氏が何かの理由で秦に改姓する必要があった。長門の佐々木氏分流の一人に「秦氏」の名前を与え、秦氏にまぎれこませたのではないか。

佐々木氏分流すなわち伊佐氏が、石清水八幡宮の別宮と関係があったという。八幡宮はもともとは秦氏の氏神神社。それではなぜ、長門伊佐の佐々木分流が秦氏にまぎれこむ必要があったのか。

八幡信仰の源流

それを見きわめるには、佐々木六角氏の存在の意味を探る必要がある。織田信長が安土城を築く前は、ここと至近距離にあった観音寺城を根拠とする佐々木六角氏が、蒲生郡を中核とした湖東中央地域の支配者だった。もっと時代をさかのぼらせたら、佐々木六角氏の支配領域は拡大し、鎌倉時代初期には近江守護にまでなる。

前述したとおり、佐々木氏は沙々貴山氏だった。沙々貴山氏は平安時代、すでに蒲生郡の豪族として蒲生郡周辺を支配していた。いずれにしても平安時代以降、佐々木六角氏が支配してきた湖東中央部には聖徳太子信仰の寺院が密集している。当然、佐々木六角氏と太子信仰の関係が問題になる。それを探る前に、一つだけ注意しておかなければならないことがある。

湖東中央部、太子信仰寺院中、宗派がわかっている寺院は七、そのうち六が天台宗、一が真言宗である。圧倒的に天台宗が多いのだが、湖東中央部というよりも近江国以外の太子信仰寺院は必ずしもそうはなっていない。大和などは二十二寺院中、宗派がわかっているものでは法隆寺などの聖徳宗四に対して、真言宗は五で、天台はなしだ。山城、河内、摂津は十三寺院だが、宗派がわかっているものが十一、そのうち真言が六、天台は二である（表4－1）。近江で湖西にある唯一の西教寺は比叡山延暦寺の山麓に近く、もちろん天台宗である。

近江の太子信仰寺院に天台宗が圧倒的に多いのは、比叡山延暦寺の開祖、最澄が熱烈な太子信仰者だったことに起因しているに違いない。聖徳太子は南岳慧思の後身で、自分所有の経を大唐に求め、妙法を日本に広めた聖人であり、天台に関係が深い。だから最澄はその後継者が自分であり「太子の玄孫最澄」とみずからいう。「四天王寺の聖徳太子廟に謁するの詩」に堂々と宣言している。

この詩は弘仁七（八一六）年のものだが、この年、彼が最も信頼していた弟子泰範《たいはん》がライバル空海のもとに去っている。最澄はどうも欲張りの気があったというか、秀才で何でもできるとうぬぼれていたふしがある。

彼が唐に行って勉学、研究の目的にしたのは天台学である。延暦二十三（八〇四）年九月一日に留学生として入唐、翌年七月十五日には帰国しているから、実質半年ほどの在唐期間にすぎない。入唐してすぐ天台山に巡礼、ただちに勉学研究に入ったのはいいとしても、入唐の翌年四月、帰国する直前であろう、越州におもむき金剛界潅頂《かんじょう》（キリスト教でいえば洗礼）を受けている。その当時流行の最先端であった密教の伝授をえたという。とはいえ駆け足の密教修行ではろくなことを身につけたはずはない。帰国して、同時期留学生として中国で密教正系後継者に指名された空海から正統密教を学びたいと思い、弟子の泰範を空海のもとに派遣したら、泰範は空海のもとに走り、二度と戻ってこなかった。

雑な密教ではあっても、本場中国で潅頂を受け奥義を伝授されたことになっているから、比叡山延暦寺の天台宗は密教部門（道場）を開くことができた。

平安時代以降は太子信仰は広隆寺が活発であり、ここは空海の真言密教すなわち「大日教、景教」のメッカである。近江の太子信仰寺院も、本来なら「大日教、景教」とつながって真言宗でしかるべきなのに、天台宗である。この場合の天台宗は天台密教ということに違いない。ただそれでは太子信仰と結ばれた正系の「大日教、景教」ではない。それでも近江では致し方なかったといえる。何せ近江は比叡山延暦寺のおひざもとなのだ。しかも最澄は近江の渡来系豪族である三津首《みつのおびと》氏なのだ。三津首氏は志賀漢人であり、秦と渡来系の二大勢力をなす東漢《やまとのあや》氏の系列に属すから、近江湖東中央部ではいかに秦氏が大勢力でも、近江出身の偉人最澄の天台宗を受け入れざるをえまい。

天台宗が圧倒するのは近江だけの現象であり、近江以外では真言宗が圧倒している。全国五十七寺院のうち宗派がわかっているもの四十二、うち真言宗は十七、天台十一だが、近江が五だから近江以外では十六（近江でも一は真言）対六で三倍近い。佐々木六角氏の氏寺、繖山《きぬがさやま》観音正寺（安土町）は太子信仰であるのはいうまでもないが、天台宗である。

佐々木六角氏は秦氏かどうかははっきりしないが、たぶん違うであろう。違うから周辺に大勢いる秦氏をうまく取りこむ必要があり、長門の分流に「秦氏」の名を付け、秦氏にこの氏族が融合する工夫をしたのであろう。そう考えると、現在の近江八幡市にある日牟礼《ひむれ》八幡宮の意味がわかってくる。

現在の近江八幡市は豊臣秀次が安土町を移転させてつくったにわかづくりの城下町だ。秀次は秀吉の甥で関白をゆずられたが、秀頼の誕生で邪魔となり、秀吉に殺されてしまった悲劇の武将だ。彼が信長死去の三年後の天正十三（一五八五）年、十八歳のとき、秀吉の命で近江大守に任じられ、安土城の南すぐ近く八幡山に築城、城下町は安土町を移転させてつくった。ここには五年いて、天正十八（一五九〇）年に一〇〇万石の大守として尾張清洲に封じられている。近江八幡市民は、現在でも若き秀次を名君として慕っている。秀吉の都合によって死に追いやられ、後世、妊婦の腹を裂いて胎児をみたというので、「殺生関白」といわれバカ殿扱いされているが、そんなことはなかったらしい。秀吉がここに城を築かせたのも、日牟礼八幡宮と信長の安土城とは深いかかわりがあったことを熟知していたからではあるまいか。

信長の安土城は、佐々木六角氏の観音寺城や繖山観音正寺などとの関連があって、この場所に築造されたはずである。特に秦氏にかかわる日牟礼八幡宮が重要だったのではないか。

八幡宮は九州、豊前の宇佐八幡宮が総社であり、「秦王国」の精神的支柱だった。秦一族の氏神だったのだ。奈良時代末期、天皇になろうと野心を燃やした道鏡がときの女帝、孝謙を色仕掛けでたぶらかし、実現直前までいった。ところが宇佐八幡宮に派遣された和気清麻呂が八幡の神意が反対であることを知らせたので、もろくも潰えた。これでこの神社は有名になった。結局道鏡は下野に配流。間もなく落胆した女帝は死亡。天武天皇の子孫が天皇であった奈良時代もここで終り、皇位は一〇〇年以上も不遇をかこっていた天智天皇系統に移り、現在に至っている。宇佐八幡宮は天智系の天皇家には救いの神だったわけだ。だからこの事件以降、宇佐八幡宮は鎮護国家の重要な役割を担う。伊勢神宮に匹敵する国家的神社に格上げされた。

とはいっても、奈良の都からはるか遠い宇佐八幡宮が、偶然この地位を築いたわけではない。この神社にも大変な野心家がいたもので、道鏡の野心を知って皇位につけとの神意が下っていると、わざわざ奈良の都まで神意を届けさせたのである。道鏡が喜んだのは無理もない。朝廷の重臣たちを説きつけ、神意を確かめる使者を派遣させたというわけである。九州の秦王国末裔にも策士がいたのであり、それも女性、巫女だった。この巫女は秦氏だったが、和気清麻呂と計って逆の神意をつくりだしたのは、秦氏と対立関係にある宇佐氏の神官だった。要は奈良時代末期、宇佐八幡宮には秦氏と宇佐氏が対立しながら並立していたということだ。

この二勢力の対立が、平安時代になって山城国と近江国に違う性格の八幡宮を生むきっかけとなる。山城は石清水八幡宮、近江は日牟礼八幡宮である。後者の方が太子信仰と重なってくる。ひいては「大日教、景教」ともつながる。

天智天皇の近江朝と聖徳太子

宇佐八幡宮は鎮護国家の役割を担っているといっても、都、平安京からは何といっても遠い。

なにか国家の安危にかかわる事件やその予兆があっても、神意を問うためいちいち宇佐までお伺いするのは大変。この不便を解決する人物があらわれる。

奈良大安寺の僧、行教という。貞観二（八六〇）年、朝廷に奏請し、宇佐八幡宮を勧請して男山につくったのが石清水八幡宮である。要するに宇佐八幡宮の八幡神は、応神天皇、神功皇后、比咩《ひめ》大神。この三柱を宇佐から男山に分祀したというだけのことである。こうなると朝廷は、平安京のすぐ南にある神社に国家鎮護を祈ることになる。もともとここには石清水寺があったので護国寺と改め、神宮寺として行教に託すのである。行教は紀氏の出身で、空海の高弟真済と同族というから、「大日教、景教」とつながっていた可能性はある。

さらに彼は奈良大安寺の僧だから道慈の法脈であり、道慈は『日本書紀』にキリストに模した聖徳太子像をつくり上げたに違いない張本人。その直系につらなるわけだから「大日教、景教」の影を背負っているとは見えるが、石清水八幡宮創設にそれが影響していることはなさそうである。

日牟礼八幡宮の地は大島郷といって大島神社があり、郷の氏神であったが、一条天皇時代（九八六～一〇一一年）宇佐から八幡神が勧請された。日牟礼は比布礼だったという。このヒフレはヒがふれること、「火」のお告げである。

宇佐八幡宮はもともとゾロアスター教の神殿だった。それが紆余曲折のすえ、平安時代にはゾロアスター色はほとんど払拭されていたにしても、痕跡は残っていたに違いない。現在の近江八幡市にこの神社を創設したのは佐々木六角氏の先祖、沙々貴山氏に違いない。それでは何の目的でそれがなされたのか。

沙々貴山氏はせいぜい蒲生郡の豪族。それが国家鎮護を目的にするはずがない。この豪族を取り巻いているのは秦氏である。宇佐八幡宮は秦氏の氏神なのだから、これを勧請するのは秦氏に対する融合政策としか考えられない。奈良時代以来の宇佐八幡宮の「国家鎮護」は、秦氏ではなく宇佐氏が担う役割である。秦氏の場合は「火」にかかわる神事だった。八幡神三柱のうち応神天皇、神功皇后は母子だが、ここに母子二柱が祀られているのにはわけがある。

この二柱に蘇我王朝初代の王と母が投影されていて、秦氏は自分たちが仕える蘇我大王を祀ったからである。蘇我氏はゾロアスター教を信奉したし、秦氏はその祭祀を司る。だから「火」を象徴するのはこの二柱だったのである。

沙々貴山氏が勧請したかったのは、宇佐三神で「火」にかかわるこの二柱の方だった。だから「ヒフレ」八幡宮と名づけたに違いない。くり返すが、目的は秦氏との融和だ。それ以外は考えられない。ただ沙々貴山氏は、起源がはっきりしないほど古い沙々貴神社の祭祀氏族だ。

ササキは御陵、ミザサギのササキだ。ササキヤマとは御陵山のことに違いないから、古墳そのものを指す。それではその古墳は誰のものか。

一見、本書の主題からそれる。しかし実はそうではない。なぜ信長が近江に居城を築いたかも関係ありそうなのだ。

時代はさかのぼる。実は天智は正統な皇位継承者ではなかったらしい。彼は母の斉明天皇が舒明天皇に嫁ぐ前の前夫の子で、妹とともに連れ子だった。斉明は再婚して舒明との間に子をなすが、それが天武天皇なのだ。斉明天皇の前夫は聖徳太子の子、長谷王。だから天智は太子の孫である。

異父兄弟天智と天武は対立関係にあり、天武は九州王朝倭国王をも兼ねていたらしいから、新羅とは親しい関係にあった。天智が百済復興を目的に無謀な戦争を仕掛けたのは、天武の背後勢力をたたいておきたかったからなのだ。天武は天智死後、天智の息子の大友皇子を滅ぼし天皇になると『日本書紀』にあるが、実情はそう簡単ではない。天武は天智を拉致して九州も大隅地方に幽閉していたらしい。急に姿を消した天智天皇のために、拉致現場に残っていた沓を天皇の遺骸とみなし、葬って陵をつくる。平安時代中期成立の『扶桑略記』にのる記事である。この史書は信憑性が高いと学者間でも認められている。ただし天智は行方不明になったとあり、拉致されたとはない。ともあれ、このあたりは通説とは違う。

沙々貴山氏が祀った古墳とは天智死去後、九州の大隅地方から運んで遺骸を埋葬したものではないか。沙々貴山氏は近江朝の残党ではあるまいか。「聖徳太子」は天智時代には創作されていない。しかし用明天皇の嫡男はいたはずであり、その孫が天智という系譜であることは天智系の人々は知っていたであろう（拙著『扶桑国王蘇我氏の真実』）。沙々貴山氏も聖徳太子が創作されてからは、その孫としての天智とその御陵を守る、ひいては太子信仰のシンボルを守っているという意識をもち続けたかもしれない。

単に秦氏にまぎれ融和するための太子信仰ではなかったかもしれない。ただ佐々木六角氏には太子信仰はあっても、「大日教、景教」は伝わっていない。

古代近江と秦氏の関係をみてきたが、このことと、信長が安土に居城をつくったことが深くつながっているのではないかと思えるふしが多い。以後の章の展開で少しずつ解明していくことになるが、信長にとってなぜ安土か、それを検討するための問題点をいくつか列挙しておこう。

古代近江には秦氏が集住していたことが、後世、織田信長にどんな意味があったのか。

近江に聖徳太子信仰寺院が多く、特に安土城のある蒲生、近傍の神前、愛智の三郡に集中しているが、果たして信長に聖徳太子信仰があったのか。

安土城は日牟礼八幡宮のすぐ近くに築かれたが、それと関係があるのか。

第5章　秦氏の軌跡2（景教の影）

棄教、改宗

秦氏は蘇我氏滅亡後、天武天皇によってゾロアスター教を棄てさせられている。天武はどうもゾロアスター教が目の敵だったらしい。彼が幼児のときに九州に追放され、二〇歳まで大和に帰らなかった。この間、母斉明とともにあったのは異父兄、中大兄《なかのおおえ》、すなわち天智天皇だ。天智と斉明は一心同体に近い。その斉明は相当熱烈なゾロアスター教信者だったらしい。これも『日本書紀』を熟読すれば見えてくる。有名な「たわぶれごころのみぞ」、斉明がつくらせた飛鳥京の巨大水路、狂心渠は真北から二〇度西に傾いていることが近年の発掘で明らかになっているが、この角度こそゾロアスター教の聖方向ではないか。

彼女はペルシア人を好んで近づけてもいた。天武は幼少の頃近づきたくても近づけなかったせいか、母を恨んでいたらしい。母の信ずるゾロアスター教も嫌悪した。

天武十三（六八四）年、朝廷の采女にヒレをつけるなという命をだす。ヒレは肩布と書き、八幡神の巫女が肩に鳥の羽根を思わせる布をつけ、自身は鳥の象徴になる。ゾロアスター教は鳥葬で、死骸は切り刻まれ、鳥、禿鷹についばまれる。このとき死人の霊魂は鳥の背に負われ、天上に運ばれる。鳥神はフラワシと呼ばれ、羽根をつけた女性の姿をしている。ヒレをつけた女性はフラワシの象徴なのである。

天武は九州にいた青少年時代、宇佐八幡宮に親近し、秦氏に保護されていた。その確実な証拠は、宇佐八幡宮と近い関係にある宗像氏から最初の妃を迎えていることだ。たぶん宇佐八幡宮で知り合った。この時点では、天武は母が熱心なゾロアスター教信者とは知らない。

ゾロアスター教は、蘇我王権下の日本では国教の位置にまでなった。『日本書紀』では仏教として取り上げられている。ゾロアスター教は信じられたが、鳥葬はしなかった。葬送のとき、巫女がヒレをつけて鳥の演技をしたと思われる。天武が政権を奪り、宇佐の巫女が多勢、采女として朝廷に入ったのであろう。彼女たちが他国からきた采女に影響を与え、ヒレが采女の定型にまでなったに違いない。天武朝でもゾロアスター教が幅をきかせていたことがわかる。

天武もはじめのうちはゾロアスター教にはいたって寛大であった。青少年時代の保護氏族秦氏の宗教なのだから。ところが彼に心境の変化があらわれる。一つには母への恨みからしだいにつのってくる嫌悪。もう一つは政治的理由である。

ライバル天智天皇は儒教に通じていた。また大化改新の天皇孝徳は仏教に詳しい。二人はそれぞれ自分の思想を政治に投影したのはいうまでもない。天武は日本統一の大皇帝を自認していた。中国統一をはたした漢の高祖に自分を比していたほどだから、自分独自の思想体系を確立し、それを政治で実践したいと考えた。

彼は『日本書紀』でも天文、遁甲《とんこう》（妖術）が得意とあるから、道教の中でも陰陽道に精通していた。彼は陰陽道を国教にしようとした。儒教、仏教は天智、孝徳もしたが、道教、陰陽道を国教にしたためしはない。まさに前人未踏の快挙だ。それには神殿がいる。ここが政治の現実主義の最たるところだ。一般の民には目に見えるものでないと説得力がない。ところが新宗教の神殿が全国至る所にたちどころにできるものではない。

そこで天武はゾロアスター教神殿に目をつけた。これを禁教にし、神殿を道教寺院にする。こうして彼は全国のゾロアスター教神殿からゾロアスター神を追い出し、道教の神を入れた。軍神兵主《ひょうず》である。

当然秦氏もゾロアスター教は棄てさせられた。もちろん祭祀を司ることもできない。これが第一回目の改宗といえよう。

兵主神社に変えられたゾロアスター神殿は、全国でも相当数残っている。そのうちゾロアスター神殿の痕跡を残すものもある。秦氏は天武天皇によって棄教を迫られた。表面は従うしかなかった。それでも彼らは、先祖代々守り続けた神殿までを棄てる気にはなれない。兵主神社の神職に転じた。しかしこれはどこまでも秦氏の一部。中央アジア出身の彼らが中国道教になじめるわけがない。

天武が死去したのは六八六年、唐の三代皇帝高宗の時代である。高宗は前代の太宗とともどもネストリウス教、「景教」を保護した。中国では大流行していたのである。この情報を秦氏がいつ手に入れたのかはわからないが、奈良時代前期までにはネストリウス教に改宗していたものたちがいた。二度目の改宗といえようか。

ゾロアスター神殿の痕跡

日本には伝わらなかったといわれるが、ネストリウス教、景教の痕跡は必ずある。それを探るのだから、その前にまずゾロアスター教神殿のことに触れておく。

蘇我、秦二氏がゾロアスター教を奉持し、ユーラシア大陸を横断して沿海州で安倍氏と合流、北海道か北東北に渡来したと、くり返して述べてきた。その証拠は、ある決まった方向を示す前方後円墳の分布にある。決まった方向とは、古墳の中心軸が真北から二〇度西に傾いた「ゾロアスター教の聖方向」と私が呼んでいるものだ。古代ペルシアの聖都ペルセポリスの中心軸も、ゾロアスター神殿もこの角度。さらに入口が北にあり、この方向を向いて鎮座するわけだ（図5−1）。この角度の前方後円墳のうち、入口に当たる前方が北、後円が南にあるものを「ゾロアスター神殿型古墳」といっている（図5−2）。全国五〇〇〇もある前方後円墳で、この角度のものは五〇しかない。全体の一パーセントにすぎない。最大は河内の応神陵だ

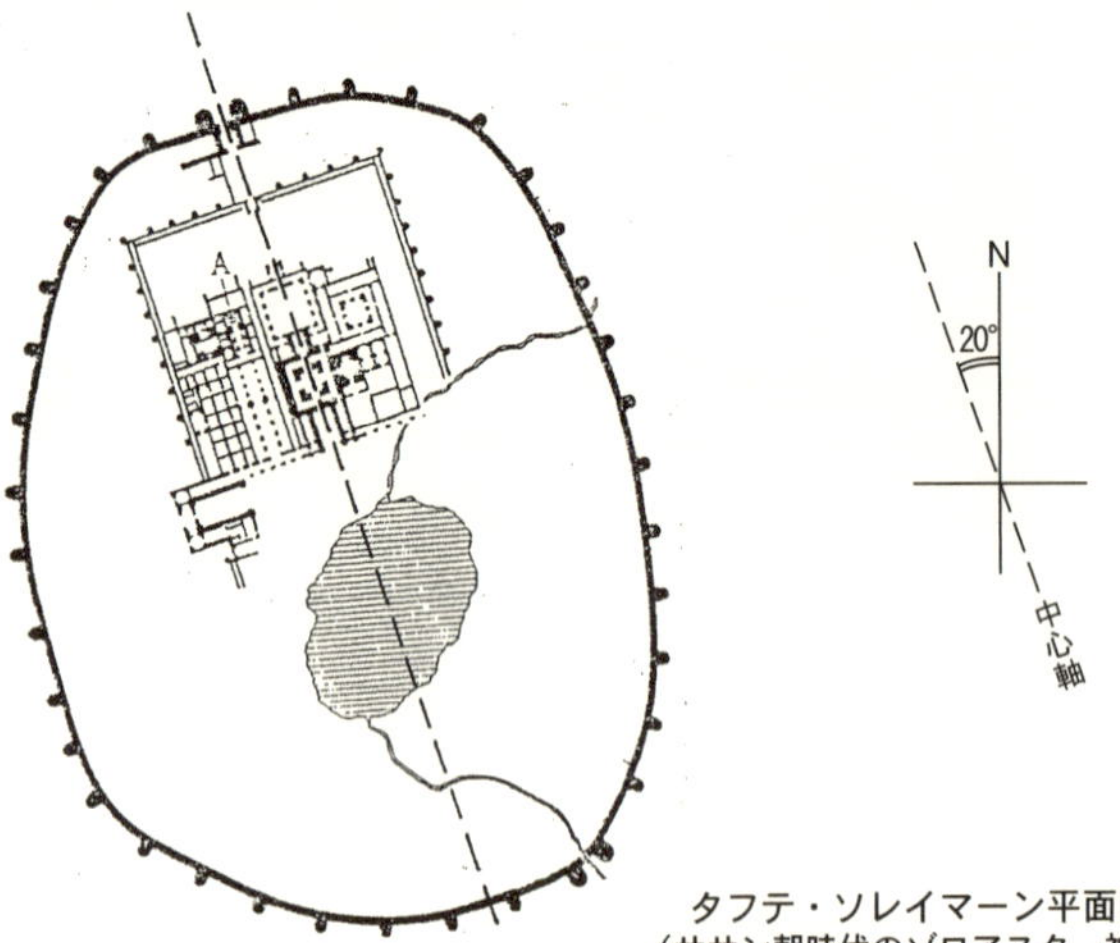

タフテ・ソレイマーン平面図
（ササン朝時代のゾロアスター神殿）

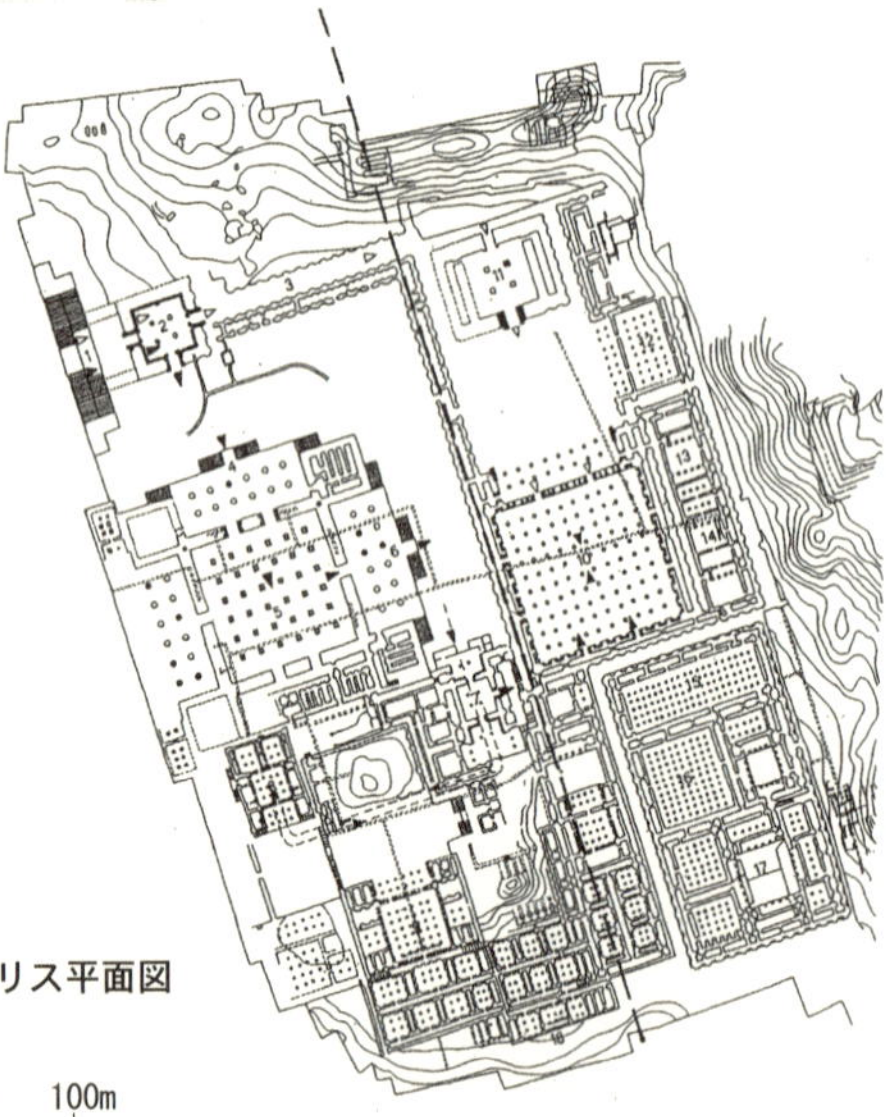

ペルセポリス平面図

0　50　100m

図 5-1　ペルセポリスと中世ペルシア神殿

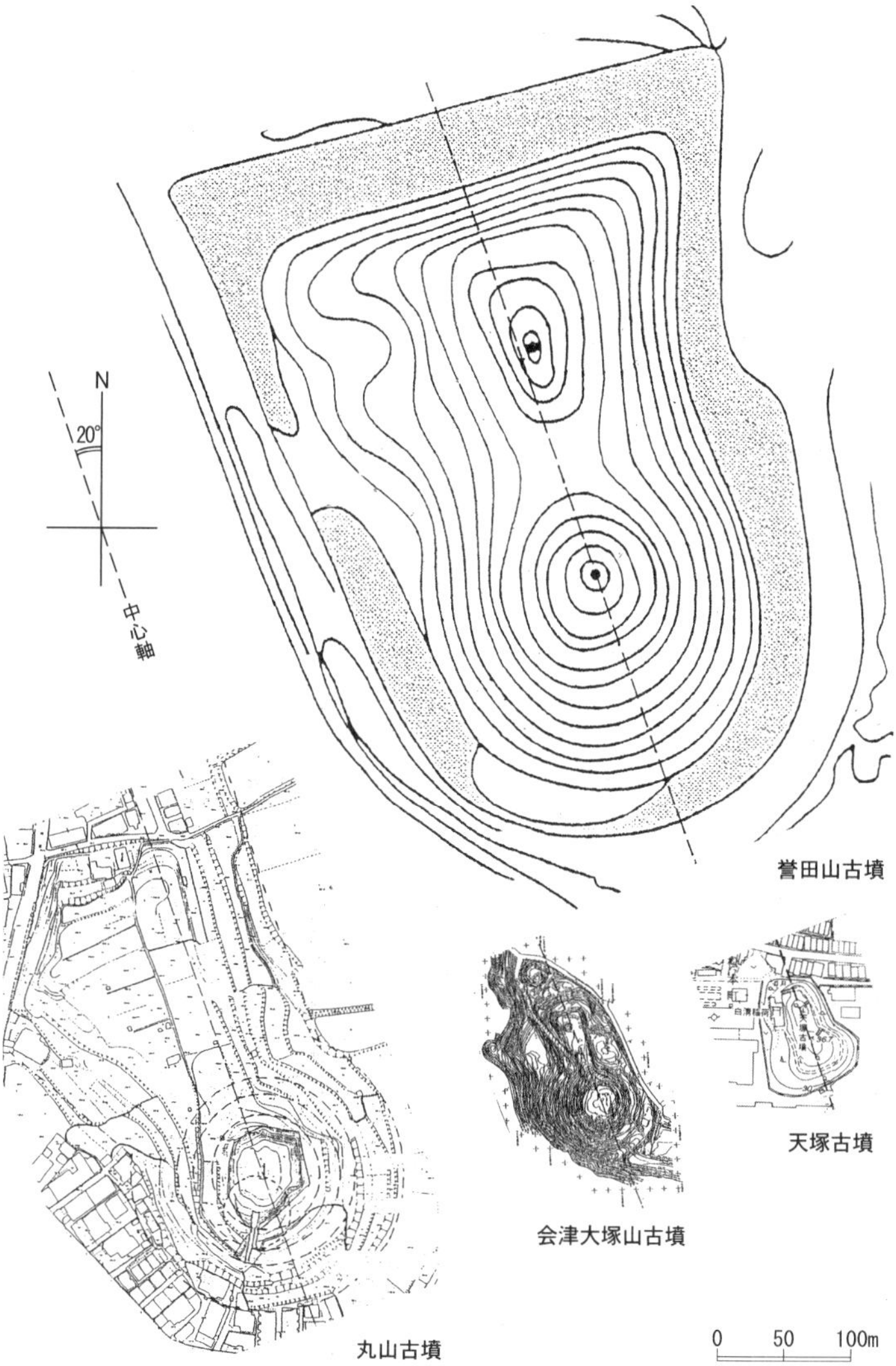

図 5-2　ゾロアスター神殿型前方後円墳

が、古市古墳群の中で最大で最も古い築造。

中心軸が聖方向を示し、入口が北のものをプロットしていったら、福島県会津若松市大塚古墳が、最古で三世紀後半。奈良県飛鳥の見瀬丸山古墳が最新で六世紀前半。その二五〇年間でゾロアスター教を奉持する集団が、会津から関東、北陸を経て近畿に入り、飛鳥で王権を確立している。これに蘇我、安倍、秦の三氏が深くかかわっている（図5−3、5−4）。

秦氏に関しては、太秦の天塚古墳は全長六十三メートルで中規模だが、古墳群の中では最大。中心軸は聖方向を示すが、残念なことに前方が南である。しかしこの古墳は定型に反して前方が大きく、後円が小さい。だから区別が見きわめにくく、調べたときには前方、後円を逆にみなしていたほどだ。いずれにしても太秦にもこの型にきわめて近い古墳が、六世紀には築かれていたのである（図5−2）。

前にも少し触れたが、広隆寺に近接する木嶋坐天照御魂《きしまにいますあまてるみたま》神社、通称「蚕の社」の三角鳥居の一辺が、正確に聖方向を示している（図5−5）。天塚古墳と三角鳥居は間違いなく秦氏がゾロアスター教を祭祀する氏族だったことを示す物的証拠に違いない。

太秦は秦氏の畿内での拠点、山城国葛野郡だが、常陸も秦氏とは切っても切れない縁がありそうである。

ところで兵庫県豊岡市に大生部兵主《おおうべひょうず》神社があるが、秦氏の一族が祀ったと推定できる。この神社は天武十二年、すなわちヒレ禁止令の前年に三宅連神床大生部了《みやけのむらじかみとこおおうべのりょう》によって祀られている。三宅

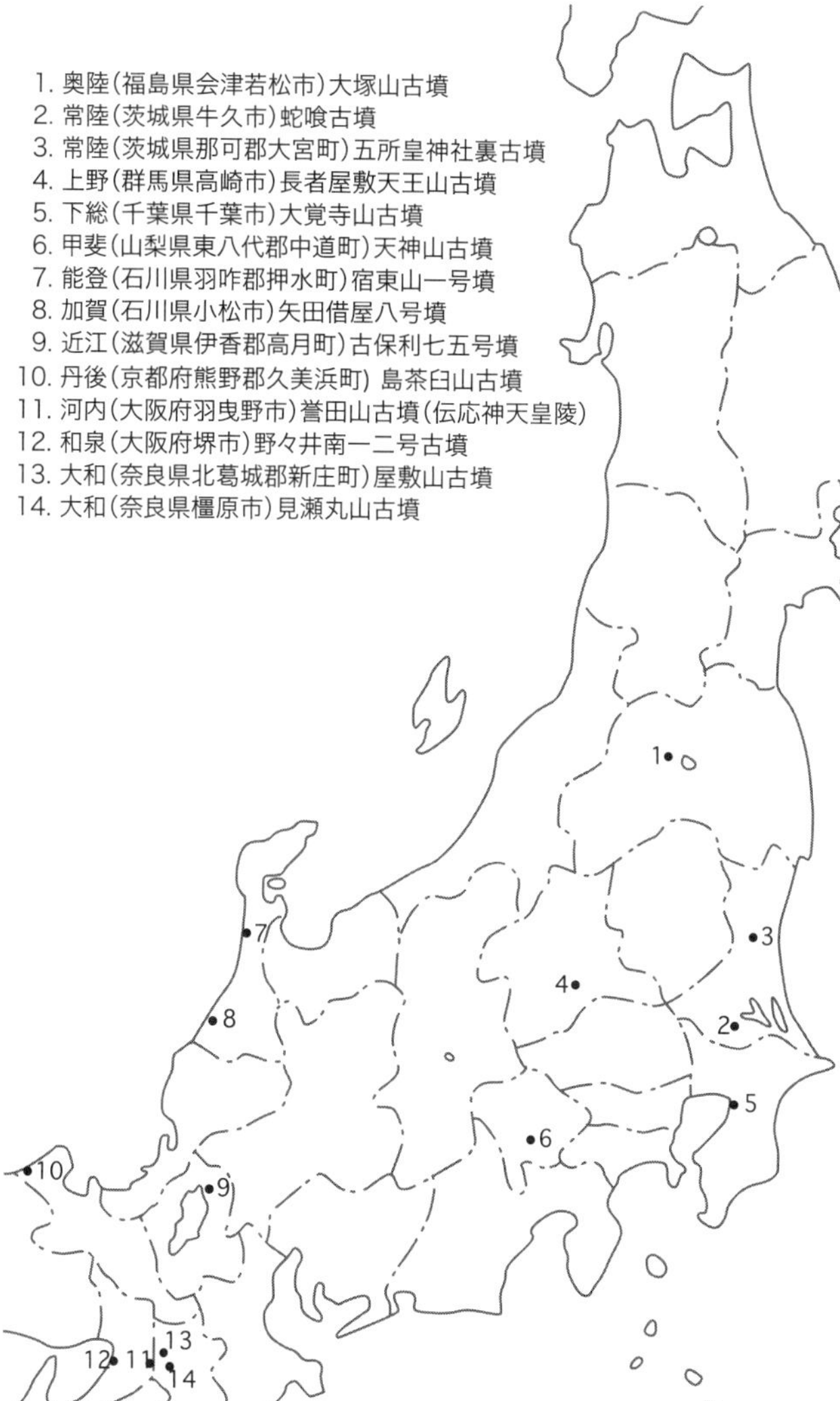
1. 奥陸（福島県会津若松市）大塚山古墳
2. 常陸（茨城県牛久市）蛇喰古墳
3. 常陸（茨城県那可郡大宮町）五所皇神社裏古墳
4. 上野（群馬県高崎市）長者屋敷天王山古墳
5. 下総（千葉県千葉市）大覚寺山古墳
6. 甲斐（山梨県東八代郡中道町）天神山古墳
7. 能登（石川県羽咋郡押水町）宿東山一号墳
8. 加賀（石川県小松市）矢田借屋八号墳
9. 近江（滋賀県伊香郡高月町）古保利七五号墳
10. 丹後（京都府熊野郡久美浜町） 島茶臼山古墳
11. 河内（大阪府羽曳野市）誉田山古墳（伝応神天皇陵）
12. 和泉（大阪府堺市）野々井南一二号古墳
13. 大和（奈良県北葛城郡新庄町）屋敷山古墳
14. 大和（奈良県橿原市）見瀬丸山古墳

図 5-3　ゾロアスター古墳分布 1

1. 常陸（茨城県東茨城郡小川町）地蔵塚古墳
2. 下総（千葉県印旛郡栄町）竜角寺三七号墳
3. 下総（千葉県成田市）船塚古墳
4. 上総（山武郡山武町）埴谷三号墳
5. 上野（群馬県佐波郡境町）三社神社古墳
6. 上野（群馬県前橋市）五代大日塚古墳
7. 信濃（長野県諏訪郡大諏訪町）青塚古墳
8. 尾張（愛知県春日井市）味美二子山古墳
9. 近江（滋賀県東浅井郡浅井町）八島亀塚古墳
10. 丹波（京都府船井郡八木町）うさの古墳
11. 摂津（兵庫県尼崎市）園田大塚山古墳
12. 和泉（大阪府和泉市）信太狐塚古墳
6
5
1
7
3
2
4
9
8
10
11
12
図 5-4　ゾロアスター神殿型古墳の分布 2

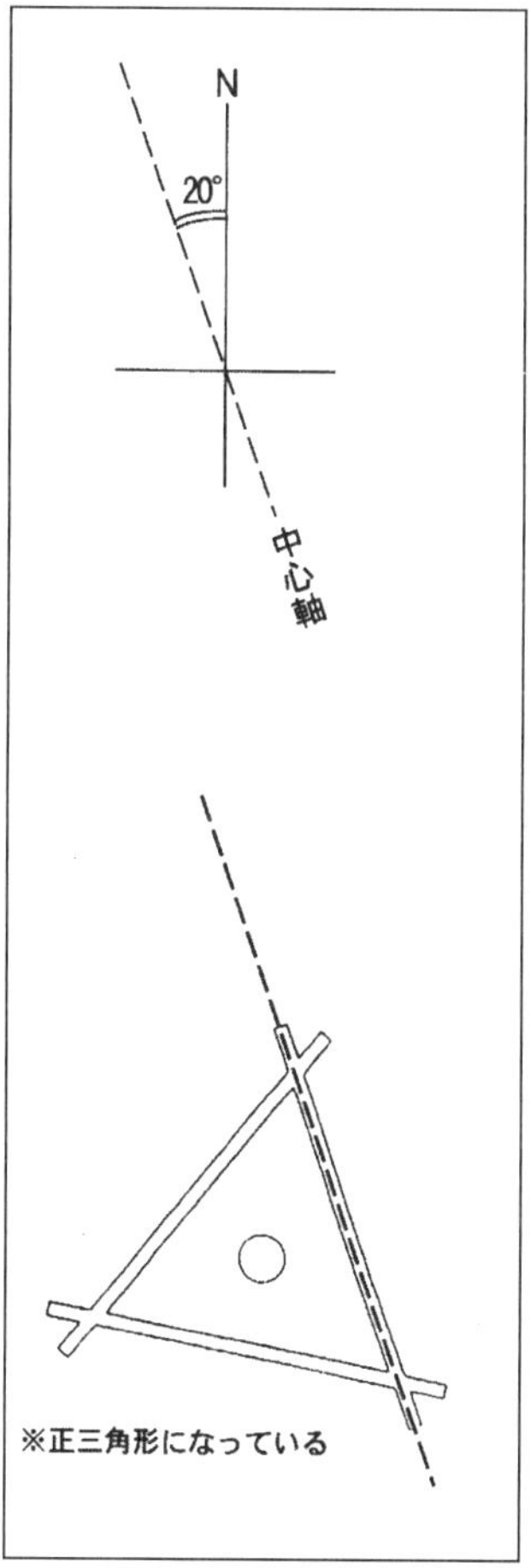

図5-5　三柱鳥居

連神床は秦氏だと、千田稔は明言している（『鬼神の鎮魂歌』、学習研究社）。この他、兵主神社のある地は秦氏居住と重なることを指摘している。

千田は文献からの推理だが、主な兵主神社を調べたところ、南面するものは皆無。主軸が真北から二十五度傾くものが多い。ただし入口は南である。しかも西ではなく東に二十五度だが、聖徳太子時代の遺跡といわれるものに真北から東に十五度から二十五度傾く例が多い。どうも聖徳太子時代、蘇我馬子時代だが、ゾロアスター神殿も正確な聖方向は守られず、対称方向に反転したりしていることが多い。それでも正確な南面が一つもないのは、これが普通の神社ではなかったことをしのばせる。最も有名な大和国三輪山、穴師坐大兵主《あなしにいますだいひょうず》神社。和泉国、泉穴師神社。近江国野洲郡兵主神社。ともに主軸が真北から東に二十五度傾くか、その直角方向になっている。

親鸞の太子信仰

飛騨（ひだ）は海辺の意味、ヘタで端（ハタ）とも書く。だからハタの転訛だった可能性が高い。南の美濃全域に秦氏が居住していたのだから、飛騨は匠で知られているとおり、秦氏の工匠の国だったに違いない。

飛騨国では、秦氏が相当手ひどくゾロアスター教の禁圧をこうむった気配がある。飛騨の匠は名工伝説で有名だが、奈良時代以降、朝廷の雑工として取扱われ、身分はいたって低かった。実力は無視され、おとしめられていたのである。のちの時代に大工たちは聖徳太子を信仰したが、飛騨の匠の太子信仰が淵源だったらしい（拙著『和風胚胎』学芸出版社）。

飛騨のことではないが、秦氏が得意とした冶金や鉱山業などでも太子信仰は盛んだった。ただし冶金や鉱山経営にかかわる上級者には修験者が多かったが、彼らの信仰したのは大日とか阿弥陀であって、下級の生産労働者が太子を信仰した。

秦氏の末裔たちは上級であったに違いないが、彼の部下たちが太子信仰だったのは、やはり大日、阿弥陀が太子信仰と深くつながっていることをここでも示している。阿弥陀が景教の神、キリストに代わっていたらしい。その端緒は間違いなく親鸞だ。親鸞は承安三（一一七三）年生まれだから、平清盛の全盛時代であるが、これから七年もすると木曽義仲が挙兵し、源平の争乱時代に突入するのだから、彼の少年時代は激動期だ。中級貴族の日野有範の子で、九歳で出家している。建仁元（一二〇一）年二十九歳のとき比叡山を降り、京都六角堂に百日参籠し、あと五日で満願という日に夢に聖徳太子があらわれた。太子が法然に会えといったのであろう。そこははっきりしない。それに力をえて法然上人のもとをたずね、くる日もくる日も上人の法を熱心にきいた。

親鸞は比叡山延暦寺で修行中には横川の三昧堂に住んだが、そこには太子像が祀られてあったという。それが原因だったのか、法隆寺や四天王寺などの太子建立寺院とされるものを歴訪した。当然広隆寺をも訪ねたであろう。六角堂も太子建立伝承のある御堂だ。八角堂の夢殿を模してつくられている。親鸞の太子信仰は終生変わらず、太子讃仰の和讃を多く残している。天喜二（一〇五四）年に太子廟からでてきた御記文《ごきぶん》についても触れているという（林幹弥『太子信仰』、評論社）。

親鸞には太子は和国の救い主で阿弥陀如来、救世観音の化身であった。救世観音の化身説は『伝暦』、『補闕記』以来であるが、阿弥陀如来は親鸞自身が加えたものに違いない。

太子が彌勒信仰だったのは『補闕記』、『伝暦』でも伝えているから、彌勒が阿弥陀に変わったとれるが、太子は決して彌勒の化身というのではなかった。阿弥陀は彌勒同様ペルシアから伝わった神であり、景教と習合しやすいのは否定できない。

親鸞の教えをわかりやすく解説した『歎異抄』は有名だが、私が大学をでたばかりの頃読んで、なんと『新約聖書』に似ていることかと不思議に思ったことがある。学生時代、聖書研究会の常連だったので、『新約』にはなじんでいた。

『新約』では、赤子が母に抱かれ安心して日々を送るように、主を信じさえすれば、主は人々を赤子そのままに安心立命させてくれる。思いわずらうな、すべては主のおぼしめしのままと、豊富な比喩を駆使してくり返しくり返しいっている。『歎異抄』は比喩は使っていないが、それでも徹底した他力本願は『新約』の教えそのままといってもいい。阿弥陀に託すれば思いわずらうことはないのだ。来世だけではなく、今生も安心立命できるというのである。

師法然の浄土宗は親鸞とは違って、同じ他力本願でも阿弥陀は来世の成仏を保証するだけで、今生ではない。それに法然は、当時最高の知性と謳われたほどの知識人、阿弥陀理解もきわめて知的であり理屈っぽいらしい。その点、親鸞が説くところは、キリスト同様、信じれば救われると単純明快。だから阿弥陀は「主」ヤハウェと酷似する

このことからしても、親鸞は法然と違って、どこかでキリスト教に接している。法然が太子信仰者だったとは伝わっていないから、親鸞のキリスト教的知識は太子信仰とは無縁ではあるまい。まずはじめに広隆寺との接触が考えられる。ただし親鸞の時代まで広隆寺に景教が残っていたかどうかははっきりしない。承元元（一二〇七）年に叡山の念仏停止に関する圧力に屈して、朝廷は法然と門弟を死罪や流罪に処した。法然は土佐、親鸞は越後国府に流される。法然の弟子になって三年しかたっていないのに罪に処せられている。そのとき七〇歳を超え高名な僧だった法

然には、長年協力した高弟がいくらもいたはずなのに、新米でしかない親鸞が流されているのは不思議とされている。

原因はどうも彼の肉食妻帯にあったらしい。明治になるまで僧は肉食妻帯しない。それが七〇〇年も前の鎌倉時代初期にやっているから、まさに破戒僧だ。彼は越後に流されたときに藤井善信と俗名に戻されている。流罪になっても他の僧はそうはなっていないから、彼はそれ以前に肉食妻帯していたことになろう。当然法然に従っている間だ。ただ法然がそれを知っていたかどうかは不明である。

親鸞はおのれの欲望に正直で、一切の偽善を嫌った。性欲を抑制するのは偽善につながると考えるほどその欲求は異常であったのであろう。しかし破戒を犯してまで決行するというのは命がけである。僧として生存できなくなれば一巻の終り。それをあえてやってのけた。救いは景教ではなかったか。佐伯好郎は、親鸞の肉食妻帯は景教の影響と明言している（『景教碑文の研究』）。

ローマカトリックでは聖職者の妻帯は認められなかったのに、景教はみとめていた。肉食はキリスト教では禁じられていないから問題にならないにしても、景教に触れて、親鸞は肉食妻帯を決意したのであろう。

流されて四年、建暦元（一二一一）年、許されたがなお同国に留まった。前越後国介三善為則の娘を妻にしていたからであろう。ついで建保二（一二一四）年、家族を伴い上野国、佐貫《さぬき》を経て常陸に移る。笠間郡稲田郷である。いずれにしても親鸞は常陸には上野国を通過している。

多胡羊大夫《たこひつじだいゆ》のことを聞いている可能性は高い。

時代は相当さかのぼり奈良時代初期のことと思われるが、キリスト教が上野国に伝えられていた明確な証拠がある。

和銅四（七一一）年につくられた多胡郡碑があり、これにでてくる多胡羊大夫の伝説がまず問題である。多胡郡が新しくつくられて羊大夫が賜ったというのが石碑の内容だ。多胡とは胡が多いということで、胡は奈良時代の唐ではペルシアのことだから、多胡郡にはペルシア人が多数居住していたことがわかる。そこの総領羊大夫も当然ペルシア人であろう。彼の伝説に、彼をのせ空中を飛んで奈良の都に運ぶ家臣八束脛《やつかはぎ》が出てくるが、これは実は天使だったらしい。都に行く途中疲れてまどろんでいるのを羊大夫がみつめていたら、八束脛の両脇から羽根がのびてくる。それを面白がって抜いてしまった。やがて目覚め気づいたら羽根がなくなっている。もう飛べない。行くに行けず帰るに帰れず、二人とも困ってしまった。羊大夫以下多胡の民はペルシア人で、ネストリウス教信者だったのではないか。ただこれでは証拠にならない。

江戸時代の学者、平戸藩々主松浦静山の『甲子夜話』に「先年多胡碑が発見された。そのかたわらの石槨も発掘された。それに「ＩＮＲＩ」という文字があった」とある。静山はアルファベットは読めたらしいが意味がわからなかった。「ＩＮＲＩ」とはJesys Nazarenus Rex Iudaeorumというラテン語の頭文字で、ＪはイエスのＩと同じだから、意味は「ユダヤ人の王ナザレのイエス」だそうである（清川理一郎『猿田彦　秦蛆の謎』）。このＩＮＲＩはキリストを描く絵にも書きこまれている。フラ＝アンジェリコの絵には、十字架にかけられたキリストの頭上に記入されている。

親鸞、常陸、景教

多胡郡は現在の群馬県南西部で、埼玉県に近い。埼玉県中央、東松山市近辺に吉見百穴と呼ばれる横穴墓がある。多胡碑からは直線距離にして東南五〇キロほどしか離れていない。岩山を横にくりぬいた一メートル角ほどの横穴が、まるでアパートの窓さながらにあけられているのである。その数は無数である。これは古代ペルシアの聖都ペルセポリス近郊にある横穴群集墓にそっくりそのままである。瓜二つといっていい。羊大夫は勢力が大きくなりすぎたせいか、結局朝廷に討たれるが、武蔵に逃げたともいわれている。吉見百穴は八世紀までつくられたというから、羊大夫の時代、ここにもペルシア人は多数居住していたのではあるまいか。

こんな群集墓はここだけではなく、吉見百穴を中心に一〇キロ圏内に滑川、嵐山、鳩山などに散在する。上野国甘良郡織裳、韓科、矢田、大家、緑野郡武美、片岡郡山宗、以上の六郷を所属部からさいて、ひとまとめにし多胡郡にするとある。矢田は八田で、平安時代完成の『倭名類聚鈔』には多胡郡「八田」とある。やはり「ハタ」ではないか。羊大夫ははじめ中臣を名乗り、のちに「小幡」に改めたという伝説があり、ペルシア人でかつ秦だったことがこれからでもわかる。

清川は、羊大夫でＩＮＲＩを取り上げているだけではない。稲荷大社の「イナリ」もＩＮＲＩ

からきているといっている。「ユダヤ人の王ナザレのイエス」はキリストが信者たちからそう呼ばれて否定しなかったからだが、そのため死罪となり十字架にかけられた。稲荷大社の祭神に猿田彦があり、天狗の面相をしている。天狗も胡人だ。猿田彦もペルシア神ということになる。もし「イナリ」がＩＮＲＩからきているのなら、猿田彦にキリストが重なっているはずである。果たしてそうか。

猿田彦はニニギが天降るとき道案内して日向高千穂に導き、その後伊勢に行く。阿耶訶《あざか》に行き海で漁していると、ひらふ貝に手をかまれ沈んで溺死したことになっている。ニニギが天降った神だから、天上の神が地上の人々を治めるために顕現したということである。『新約聖書』の天上の神ヤハウェと考えられるかどうか。猿田彦が天降りの案内役だから、むしろ彼の方がキリストに近い。しかも猿田彦は役割を終えると間もなく死んでいる。それもひらふ貝にかまれて溺れ死んだから、一種の犠牲ともとれる。

微弱ではあっても、『新約聖書』の構図はそなえている。ところが書紀では、猿田彦は伊勢の五十鈴川で安穏に暮らすのだ。

『古事記』は大安万侶が編者だ。大（多）氏は秦氏ときわめて近い氏族。景教の知識が伝達されていた可能性は高い。『古事記』の完成は和銅五（七一二）年、稲荷大社創設よりも一年のち。ＩＮＲＩすなわち「イナリ」を伝授されていた可能性は高い。というよりも『古事記』編纂自体に秦氏が深くかかわっていたという研究もある（大和岩雄『古事記の研究』大和書房）。

もう一つ「大日教、景教」との関係がある。平安時代になり、教王護国寺（東寺）の草創のとき、真言密教と習合して稲荷大社は同寺の鎮守と仰がれ人々の尊崇を集めて社運が隆盛となることからしても、もともと「イナリ」はＩＮＲＩだった可能性は高い。

もう一度親鸞に戻る。彼は死罪を許されても、なぜ京都に戻らず、わざわざ常陸に行って、しかも二〇年間もいたのか。常陸国笠間郡稲田で徹底した他力本願の書『教行信証』をものしている。

ここに直接景教の影を見出すことはできない。しかし「イナリ」ならば日本三大稲荷の一つといわれる笠間稲荷がある。創祀が白雉年間（六五〇～六五四年）というから、稲荷大社創建より二五〇年以上も古い。それでも唐の太宗の死去よりも一年は確実に遅いし、蘇我王権時代（書紀では推古～皇極、五五二～六四五年）には遣隋使、遣唐使による中国交流が盛んだった。特に太宗時代である。景教が流入していた可能性は否定できない。笠間稲荷の前身と思われるものに夷針神社があって、現在では『延喜式』でしか確かめえないが、笠間郡笠間にあったことは間違いない。ただ所在地は不明らしい。「イハリ」か「イバリ」と読むだろうから、「イハリ」なら「イナリ」の転訛とも考えられる。常陸に最初に「イナリ」ＩＮＲＩができたとも考えられる。

親鸞には下野国高田の真仏、顕智、下総国横曽根の性信、常陸国鹿島の順信、同国河和田の唯円、下総国蕗田《ふうきた》の善性、奥州大網の如信（親鸞の孫）などの有力門弟がいたが、彼らの出身地には秦氏の影が見つかるのである。

常陸国鹿島はゾロアスター神殿型、鹿島神宮の所在地だから、秦氏というよりペルシア文化直接の移入が見られる（図5-6）。

下総横曽根は、現在の千葉県水海道市にある。多氏が多数居住していた場所である。多は秦ときわめて近い氏族。菅生沼もある。「スガオ」すなわち「ソガ」である。蘇我氏の居住もあったに違いない。ならばゾロアスター教は当然伝わっている。

下総菭田はどこかわからない。しかし下総にはゾロアスター神殿型古墳が三基もあるし、千葉市には蘇我比咩《ひめ》神社や蘇我地名もあり、ゾロアスター教とは切っても切れない関係があった。常陸国河和田は現在の水戸市内。ここは那珂郡である。ここにもゾロアスター神殿型古墳がある。親鸞の孫、如信がいたという奥州大網は郡山市西田町大網なら安積《あさか》郡。「アサカ」は「アスカ」の転訛だ。「アスカ」は蘇我、秦、安倍が北日本から大和に侵攻した経路上に築いた都の名である。当然秦氏の影が濃い。

下野国高田は芳賀郡二宮にあるが、ここには法隆寺式伽藍配置の大内廃寺があった。長沼八幡は坂上田村麻呂の蝦夷地平定にかかわる起源をもつ。その後火災にあい、康平六（一〇六三）年源頼義が石清水八幡宮を勧請し、永保三（一〇八三）年に源義家が社殿を修築したという。源家がかかわるからこの八幡宮は武神を祀るともとれるが、なんせ勧請が古い。やはり秦氏の信仰の影が濃い。さらに聖徳太子、少なくとも蘇我氏の飛鳥文化とは直通する場所だったことがわかる。また「丈部」地名があり、これは安倍氏の部民がいた証拠だ。安倍氏も蘇我、秦とは縁が深

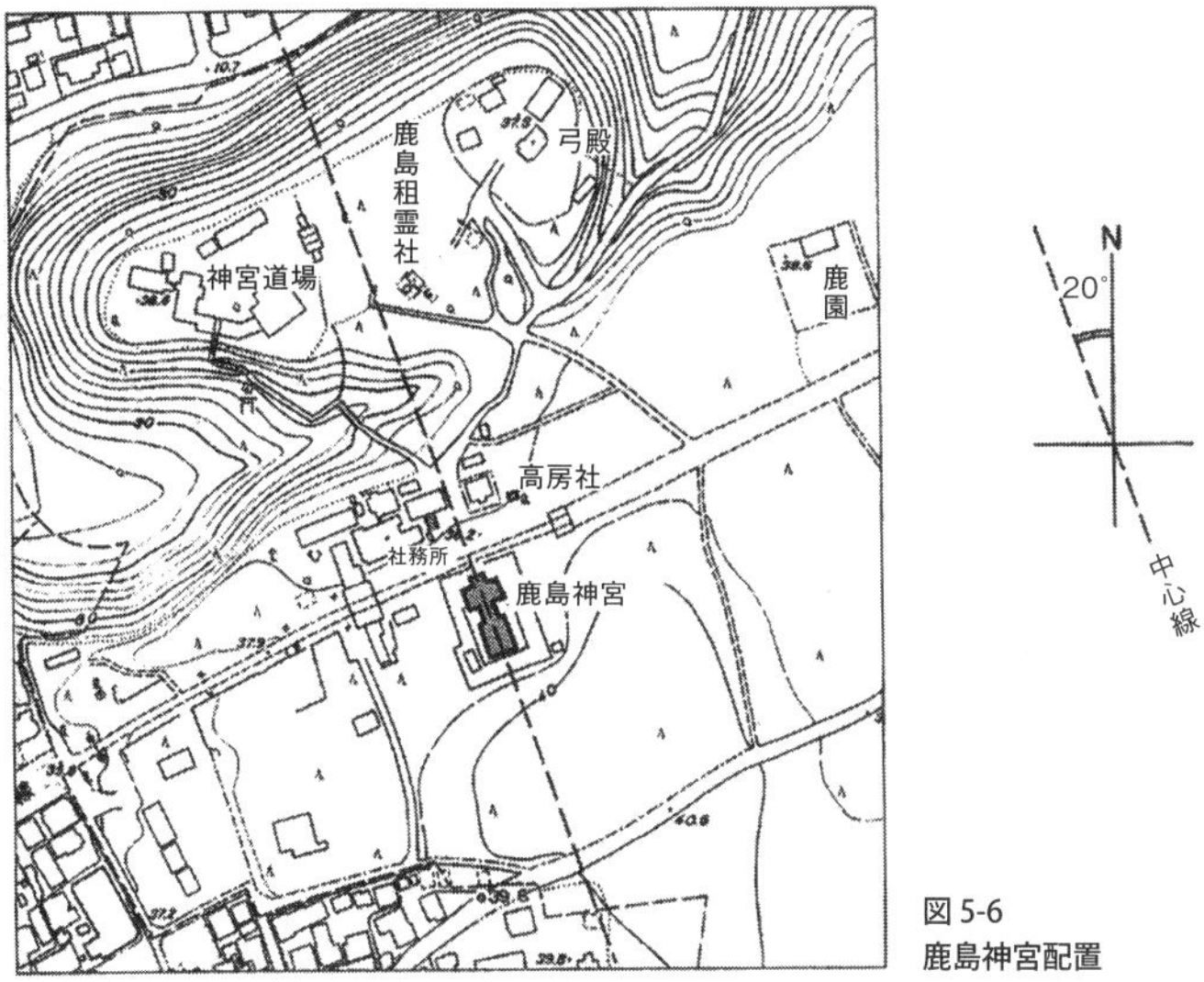

図 5-6
鹿島神宮配置

い。ここにも景教は浸透していたのではあるまいか。親鸞創建といわれる高田専修寺があるのもそのせいではないか。

これ以外にも、親鸞の高弟出身地として武蔵、遠江がある。武蔵は北部中央に吉見百穴や数々の横穴群集墓があり、ペルシア人の存在を示すし、遠江には蘇我氏が盤踞していたし、掛川には「飛鳥」も「ソガ」もある。高弟を輩出した地は親鸞が熱心に集中的に布教におもむいた場所に違いない。そこに秦氏か蘇我氏の影が付きまとっている。親鸞は景教キリスト教が流入していてその影響を濃厚に帯びた地を選んで布教していたとも考えられる。特に『歎異抄』を書いた唯円などは『新約聖書』そっくりのものを仕上げたのだから、彼自身の教養に深く浸透していたとしか思えない。

第6章　織田家と越前（信長の怪異）

うるし塗りドクロ

信長の生涯は不思議なほどジンギス汗に似ている。もちろん最後はおおきく違う。信長は業半ばにして倒れるのに対して、ジンギス汗はアジアのほとんどを征服して、大往生をとげている。しかし信長は光秀の謀叛で生涯を終わる前日までは、ジンギス汗と奇妙と思えるほど似た展開を見せるのである。なぜなのだろう。

とりあえず信長の軌跡をざっとながめてみる。十七歳で父信秀が死去。織田家督をついだ信長は、異母兄弟ならばまだしも、同じ腹の弟と戦いをくり返すところから、彼の天下一統への道ははじまる。

弟にそむかれるほどだから、彼は孤立無援といってよく、しかも信長の織田家は父信秀の才能で大きくなったばかりで、一族の中でも筆頭ではなく、織田宗家があって、そこの家老にすぎなかった。だから信秀が死去してからは、ここぞとばかりにあの一族この一族と信長に襲いかかる。

ただ少しばかりの幸運は、一族が彼に結束して対抗しなかったことである。

信長がなんとか持ちこたえたのは、妻の父、美濃国主、斉藤道三が後援してくれたからだ。弘治二（一五五六）年に道三は息子にそむかれ敗死しているが、それまでの間に信長はどうにか一族の主なものたちを平らげ、本宗家を滅ぼし、本宗家の居城清洲を奪いとり、そこへ移る。それでも弟信行の抵抗はやまず、ついに道三死去の翌年、清洲城に誘い込んで殺してしまう。


ジンジス汗は一一五五年に、一族の長の家にテムジンとして生まれるが、一〇歳のとき父が毒殺される。ここからが信長に酷似する。父の死とともに一族から見放され孤立無援となる。誇り高いテムジンは一族や同族、さらにはそれに近い部族たちにひっきりなしに狙われ、捕らえられ殺されそうになるのも一度や二度のことではなかった。孤立無援で苦労している間に異母兄を射殺している。兄弟の背反が最も苦しかったに違いない。

それでも彼は、父の盟友だった他部族の王、しかも強大な勢力を誇るワンカンに後援してもらい、なんとか苦境を脱することができる。ワンカンは斉藤道三にあたる。

永禄三（一五六〇）年に桶狭間で勝利したとき、道三は死去して四年はたっていたが、ジンギス汗の場合は後援者のワンカンは健在で、同盟軍として共同作戦をとり、少しずつ勢力を拡大していく。

ジンギス汗にとって「桶狭間」は、それまでことあるごとにジンギス汗を苦しめぬいた部族メルキトを破った戦いである。この戦いはワンカンに助けてもらっているから、「桶狭間」とは違うのだが、ジンギス汗が強大になるきっかけになっているのは間違いがない。

信長は桶狭間に勝利しても勢いが急に増すことはなく、隣国美濃を攻略できたのは永禄一〇（一五六七）年だから、七年もかけている。

桶狭間の直後、徳川家康と同盟。これが終生変わらなかった。ジンギス汗には幼少の頃からの友ジャムカがいて、長じて固い同盟を結び、ともに戦うのだが、ジンギス汗の場合、この友との同盟は破綻している。ついには戦いをするまでになるが、両者とも相手の実力を認めあっていたという。徳川家康は幼少のころ、織田信長の家に人質にとられていた時代があり、そのころに年長の信長に会っていて同盟を約束したと、物語ではなっている場合が多い。

敵の城だった稲葉山城に居を移し「岐阜」とする。ここを足場に信長の天下一統、「天下布武」の道が開始される。

美濃攻略に時間がかかったのにはわけがある。美濃国主斉藤道三が息子に討たれたのは、実はその息子義龍は道三の子ではなく、道三が滅ぼした前美濃守護土岐氏のたねで、親の仇を討ったのだともいわれている。ことの真相はわからないが、道三なきあと、息子の義龍は信長に対して異常なほどの敵愾心を燃やした。美濃は面積も広く強国である。そう簡単に攻め滅ぼせるものではない。信長も自分の理解者であり後援者である道三を殺した義龍を憎んだ。何度も攻勢をかけるが、その都度押し返された。義龍が死去し、その息子の龍興になってようやく美濃征服は成功する。

ジンギス汗にあってはタタール族が美濃斉藤氏に当たる。タタール族は強大で、また父を騙して酒宴に誘い毒殺した憎いかたきなのだ。ジンギス汗は、当時中国北部を支配していた金国とワンカンに従い、タタール攻撃をして勝利を収めるが、粉砕とはいかない。

それから五年後の一二〇一年に、武力を充実させたジンギス汗は、独力で念願の父の仇を討つ。時間をかけた末のことだったが、これも信長の美濃攻略に酷似する。

美濃岐阜城に本拠を移してからの信長の勢力拡大はすさまじい。流浪の足利義昭を押し立てて京にのぼり将軍に据え、その権威を利用してまたたく間に近江、伊勢、山城を勢力下に収める。しかし将軍義昭は信長の傀儡を嫌い、当時、戦国最強軍団とうたわれていた武田信玄を動かし、上洛をうながし、信玄もそれにこたえ出兵する。はじめは信長の妹お市を妻とし同盟者だった浅井長政は、越前の朝倉義景と組んで執拗に抵抗する。長政は北近江、小谷城にいるが、その小谷城は美濃から近江に出る首根っこの位置にあり、彼の抵抗は京と岐阜を往復する信長には邪魔でしようがない。信玄が上洛すると聞き、浅井、朝倉は狂喜したが、信玄は上洛途上で死去。浅井、朝倉はつっかい棒をはずされて、信長に攻められ滅亡。天正元（一五七三）年八月のことである。

翌年の正月元旦の岐阜城でのことを、太田牛一は次のようにつたえる（『信長公記』）。短いのでそのまま記す。

世にも珍しい酒のさかな

天正二（一五七四）年正月一日、京都および隣国の諸将は岐阜へごあいさつに参上した。それぞれ招かれて三献のご酒宴があった。これらの方がたが退出されたあとで、信長公直属のお馬回り衆だけになったところで、いまだ見聞きしたこともない珍奇なおさかなが出され、またご酒宴となった。それは去年北国で打ち取られた、

一、朝倉左京大夫義景の首
一、浅井下野守（久政）の首
一、浅井備前守（長政）の首

以上三つの首を薄濃（はくだび、うるしでかため彩色）にして、折敷（おしき）の上に置き、酒のさかなとして出されて、また、ご酒宴となったのである。それぞれ謡などをして遊ばれ、まことにめでたく、世の中は、思いのままであり、信長公はいたくお喜びであった。

叙述は淡々としているが、「世にも珍しい酒のさかな」といっているのだから、牛一もびっくりしたのであろう。三人のうるし塗りドクロを飾られての酒宴では、気持ちが悪かったに違いな

い。しかし主君信長が去年の勝利と明けたばかりの正月元旦をことほいでいるのだから、家臣は謡などをして楽しむふりをしていたのではあるまいか。浅井、朝倉を滅ぼす一ヵ月前には、信玄をそそのかした足利義昭を京から追放していたのである。もう将軍の権威など必要としなかったのである。

トルコ民族のドクロ盃

家臣太田牛一がびっくり仰天した「いまだ見聞きしたこともない珍奇なおさかな」、うるし塗りドクロは、信長の独自の趣向なのか。牛一は一切の感想をひかえているが、信長の浅井、朝倉に対する狂的な憎悪が無言のうちに伝わってくる感じがする。浅井、朝倉を討ってはじめて美濃と京の往復が安全になったのだから、信長にあっては長年の念願がかなったということである。美濃を征服し岐阜に移って、また七年がたっていたのである。

信長には七年周期で画期が訪れている。桶狭間から七年して美濃征服。美濃征服から七年で長年の宿敵というより癌である浅井、朝倉の討滅。それから七年して本能寺である。

浅井よりも朝倉の方が実は癌だった。朝倉義景は一時流浪の足利義昭を保護したが、京にのぼって将軍に据える気など、はなからなかった。ところが義昭が自分を見切り信長を頼ったと知ると、急に対抗心をむき出しにして、ことごとに邪魔をした。浅井長政は信長の妹お市を妻とし信長と盟約を交わし、忠実に盟約を守った。美濃攻略も、長政が美濃を背後から牽制してくれたからできたともいえる。

盟約を破ったのは信長の方だった。約束では、もし朝倉とことを構えることがあるなら長政に一報することになっていたのに、無断で朝倉討ちのために越前に出兵した。浅井氏は朝倉氏と同盟関係にあったからである。約束違反を知って長政は信長との盟約を破棄する。長政からすれば当然の処置だが、信長は妹婿長政が裏切ったとしかとらえなかった。権力の階段をのぼるときにはそんなものだろう。


ジンギス汗にも同じことが起こる。「父」とも頼り、長年保護を受け、同盟関係にあったワンカンと亀裂がはっきりしてくる。ワンカンの子がジンギス汗がしだいに強大になっていくのをねたみ、戦をいどんだ。ワンカンも致し方なく戦うことになり、ジンギス汗側は奇襲を受けてちりぢりになり、供廻り十九人となって逃れた。信長が長政の同盟破棄にあって攻撃され、越前金崎から命からがら京に逃げ帰ったのに似ている。

ジンギス汗もこうなったら、ワンカン憎しの気持ちが高まったであろう。油断して酒盛りしているところを襲った。それでもワンカン側は三日三晩防戦を尽くしたが敗北、ついに落ちていく道すがら、ナイマン部族の一兵に殺される。このナイマン族の王タヤカンがワンカンの首を切ってもってこさせ、ドクロ祀りをさせたという。

白い絨毯の敷物の上に首をおき、嫁たちに舅姑の葬儀の祭りの礼をさせ、賜杯の御酒をささげさせ琴を弾じさせ、酒の入った椀をとって首に供した。首は大切に自分が祀られるのをあざ笑った。それでタヤカンは怒り、首をこなごなに踏みつぶしてしまった。

ジンギス汗がワンカンの首を祀ったのではないが、騎馬民族にこんな風習なり信仰があったのかもしれない。

タヤカンは祀っている首を踏みつぶしたので、家臣は何かよくないことが起こるのではないかと心配している。となれば、首を切って祀るのは必ずしも憎しみの表現ではないかもしれない。

信長のしたことは「世にも珍しい」ことではあったが、牛一は祝いごと風に描写しているから、信長にも首を祀る意識があったのだろうか。

ジンギス汗がワンカンを討つと、モンゴルに残った強大部族はナイマン族だけとなってしまった。ナイマン族はネストリウス教を信じていたから、ここでジンギス汗はキリスト教と遭遇する。ナイマンを大戦争のすえ討ち果たし、ここでモンゴルの統一を果たすのだが、キリスト教を排撃することはなかった。

信長にとっては将軍義昭を追放したとき畿内と東海地方の領有が確定しているから、ジンギス汗の北モンゴル統一に近い。

それよりも浅井、朝倉三将のドクロに漆を塗って酒のさかなにしたというのは、同盟者浅井長政の首を祀る気持ちがあってのことだろうか。ジンギス汗も、自分がしたことでなくても、保護者であり同盟者であったワンカンの首が祀られたことを聞き、記録させている。

ワンカンを討って事実上の北モンゴル統一をなしとげたあとは、ナイマンの処理が残るだけだった。これと、信長が邪魔者浅井、朝倉を滅ぼし、足利義昭の処理を残したのと酷似している。しかもワンカンの首祀りと浅井、朝倉三将の「世にも珍しい酒のさかな」にした酒宴。これも酷似している。

時代は一挙に一〇〇〇年以上さかのぼるが、五二〇年頃のことである。バイカル湖南岸に屯するトルコ民族高車、やはりトルコ系の柔然と戦い、負けた。高車王を捕らえた柔然王は、高車王の両足を馬にくくりつけ、地面にひきずって殺した。その頭蓋骨にうるしを塗って盃とした。

「魏書高車伝」にのる記事である。

ドクロにうるしを塗る。これは信長のしたことと同じだ。ただ柔然は高車をかつては配下にしていたことがあり、それが独立して対抗するようになったせいだろう、王は高車に対して憎しみを抱いていたことは明らかである。これを読む限りでは、信長の行為も浅井、朝倉三将に対する憎しみの表現ととれる。

信長はなぜ、トルコ民族の風習を知っていたのであろうか。「魏書高車伝」の記事は一〇〇〇年前のものだが、ジンギス汗は三〇〇年前だ。騎馬民族は敵将の首やドクロに対して特殊な扱いをしたのは確実である。特にトルコ民族はドクロにうるしを塗って盃にしている。これを知っている信長はトルコ民族なのか。太田牛一はいまだ見聞きしたこともない珍奇なこととして、うるし塗りドクロを記しているから、織田家臣は誰一人としてこんなことは見聞きしたことはなかったはずである。それなのに信長だけは知っていた。これは織田家の総領だけに伝わるものだったのか。蘇我氏は高車の部族王だったし、秦氏は大月氏だったに違いないとすでに書いた。信長は蘇我、秦につながる系譜にあったのだろうか。

これを探る前に、もう少しジンギス汗との相似を見てみたい。

ジンギス汗は北モンゴルを統一すると、征服の対象を西に求めていく。現在のカザフスタン、イラン、さらに西進し黒海北岸つまりロシア南部まで遠征し、ことごとく征服していく。

征服といってもモンゴルとは違い、人口一〇万といったオアシス都市を討つのである。彼は西征して都市を討つ段になると、今までとはまるで違うことをやりはじめる。北モンゴルでの征服戦のばあいは、王と王族を殺してしまえば、一般民は臣民とするだけだった。しかし都市征服戦では市民、女、子供も手当りしだいに虐殺した。彼は都市に対して特殊な憎しみを抱いていたとしか思えない。騎馬民族の戦争は凄惨で虐殺はつきものであるらしいが、それでも手当たりしだいというのではない。

これも信長の叡山焼き討ちの虐殺と似ている。信長の虐殺はこれだけではない。長年抵抗され、てこずった伊勢長島の一向一揆は、降伏すれば許すといっておきながら、女子供まで見境なく、鉄砲で射殺している。同じことを越前の一向一揆に対しても行なっている。

信長にしても、征服戦では敵将と一族の主たるものは殺すが、兵は殺すことはせず家臣としている。それなのに叡山と一向一揆は違う。どうも叡山と一向一揆は不倶戴天の敵だったらしい。叡山は浅井、朝倉に味方して天下一統を邪魔するからだが、一向一揆に対する憎しみは、実質連如教の真宗に対する憎しみの気がしてならない。ジンギス汗の都市に対する憎しみに通じているのではないか。

いずれにしても、信長の軌跡はジンギス汗に酷似する。ジンギス汗は騎馬民族最高の英雄だ。これに酷似しているということは、信長の身体に騎馬民族の血が流れていることではあるまいか。先祖伝来のＤＮＡとしか思えないほどに、ジンギス汗に酷似しているのである。

オタはハタか

それでは信長の先祖は騎馬民族であったのか、それもトルコ系の。家伝によれば、織田氏は平重盛の子、資盛の遺児、親真を先祖としているとする。近江国津田荘に住んでいたが、のち越前国丹生郡織田《おた》荘の劔神社、神官の養子となって織田氏を称したという。しかし織田氏は本来平姓ではなく、藤原姓である。永正十五（一五一八）年、尾張守護代織田達勝がだした文書があり、それには「藤原達勝」とある。また信長も天文十八（一五四九）年の触れに「藤原信長」と署名している。ところがそののち信長は平姓を称し、元亀二（一五七一）年、白山別宮に寄進した鰐口の銘に「平信長」と刻ませている。

天下統一にのりだした信長が、源氏である足利に代わって政権を掌握するため、源平交代の思想を利用するために、平姓を名乗ったのであろう。その結果、平資盛落胤と結びつけた系図がつくられた。ただ藤原姓ものちのちのもので、織田荘を管理する地元の豪族がせいぜいのところではないか。藤原姓は荘園主の承諾のうえで名乗ったに違いない。それならよくあることだ。

室町時代の初期、織田氏は越前守護斯波義将につかえ、義将の子、義重が尾張守護を兼ねると、織田常昌は尾張守護代に抜擢される。応永（一三九四〜一四二七年）のはじめ、尾張に移る。

織田氏で有力なのは二家で、守護斯波氏をかついで尾張下四郡を領有し清洲に居住する織田大和守家と、上四郡で岩倉の織田伊勢守家だ。戦国時代になると斯波氏は名目だけの守護、実権は守護代の織田氏に移る。それで両家は抗争をくり返しているうちに弱体化し、清洲織田三奉行の一人であった織田信秀が頭角をあらわし、主家をしのいで戦国大名へと成長した。信長の父である。

問題は織田氏の真の出自である。これを探るには、まず越前織田と劔神社に着目する必要がある。

劔神社は垂仁天皇時代に伊部臣《いべのおみ》が奉祀したという。それまでは織田神社だったが、御神体に神剣を奉祀したので劔神社に改称したと伝えている。祭神は気比大神、スサノオ、忍熊王《おしくまおう》である。祭神については後述するが、まずは伊部氏と劔神社の関係である。

劔神社は天平神護元（七六五）年には朝廷から食封一〇戸が与えられ、宝亀二（七七一）年にも食封二〇戸、田二町を給付されているから、奈良時代には相当の格式を誇っていたのは確かであ

図 6-1　劔神社と聖方位

る。

伊部氏は織田地方の豪族だったらしく、地名からの名乗りと思われる。天平神護二（七六八）年の記録には伊部郷に秦日佐山の名がみえていて、ここを代表する豪族は秦氏だったことがわかる。伊部氏は秦氏であろう。

奈良時代には、秦氏の名で劒神社とかかわっていたのかもしれない。『延喜式』に伊部磐座《いわくら》神社が記されている。まずイワクラを信仰する原始形態があって、これを伊部氏の氏神とし、劒神社へと発展させていったのに違いないと研究者たちはいう。

劒神社の境内には猿田彦神社と稲荷神社が並んで配置されている。さらに本殿横に織田神社があるが、八幡宮とも呼ぶとある。三神社とも秦氏と深いつながりがあることはくり返し述べてきた。三神社とも摂社だが、稲荷神社の方は、近所にあったものを農地改良の邪魔になったのでここに移したと、劒神社では教えてくれた。だから戦後のことに違いないが、両摂社とも古くからあったとのこと。

秦氏と深くつながる両神社を摂社にしているのだから、劒神社自体、秦氏の氏神社だったに違いない。伊部氏が秦氏なら納得できることではある。ただこの神社は南面しているから、これだけでは秦氏、ゾロアスター神殿とはいえない。

ところが本殿からゾロアスター教の聖方向、真南から東に二〇度傾いた線上七五〇メートル南に神明神社がぴたりとのる（図6－1）。劒神社には猿田彦神社があり、もし劒神社が猿田彦神社だったら、伊勢神宮内宮と猿田彦神社の位置関係と同じだ。神明神社は伊勢神宮の分社だから、越前国丹生郡織田《おた》では、伊勢神宮と同じ空間構成で神社をつくっていたことになる。こうなれば、この神社をつくったのは間違いなく秦氏だ。伊部氏はやはり秦氏なのだ。

信長の先祖は劔神社の神官の養子になったという。伊部氏の養子に入ったというのであろうが、伊部氏は鎌倉時代になると姿を消して名が見えない。

織田氏は織田荘の地名を名字にした豪族である。もとより劔神社を氏神社としたのであって、その関係は織田氏が尾張に移っても続いた。天正元（一五七三）年、信長が朝倉義景を討って越前を平定するやただちに社領を安堵し、さらに寄進、社殿の造営などに力を尽くした。これらのことから、信長が一族の氏神として崇敬する意志を明白にしたといえる。

劔神社には織田神社も併設されているのであって、現在でも「織田明神さん」と呼ばれている。信長の祖先が劔神社の神官の養子になったというが、実は伊部氏の分岐で伊部の本宗家が何らかの理由で没落したあとを受け、劔神社の神官なっていたのではないか。当然、織田氏は伊部であり秦なのである。ところが「オダ」と読むが「オダ」には小田氏がある。

中世常陸国の豪族に小田氏がいて、はじめは八田といった。初代は八田知家だが、のちに小田と称した。それでも多くの子息がいて、六男は八田を名乗る。八田「ハタ」である。それが「オタ」に、さらに「オダ」に変わった。八田知家が軍功で源頼朝から陸奥国小田郡を拝領したから「小田」だともいうが、そうだろうか。「オタ」は越前織田荘の読みだから「オタ」から「オダ」

となるに違いない。

信長の祖先が常陸の「ハタ」「オダ」から移動しているかもしれない。常陸の小田氏は、鎌倉時代には常陸守護だから、家格はこちらの方が上だ。ひょっとしたら常陸小田氏の誰かが越前織田荘に移動してきて、劔神社の神官に養子となったということはあるかもしれない。織田家は近江から越前に移ったとあるが、平氏を名乗るために常陸を近江に変えたのかもしれない。

小田氏の居住した場所は「小田」となっているが、親鸞が二十一年居住した笠間に近い。ＩＮＲＩの変容で「イナリ」のはじめと思われる夷針神社や笠間稲荷があるのだ。織田氏の初代がもし常陸から移住してきているのなら、ＩＮＲＩも当然、越前織田荘に流入してきている。

劔神社北方二キロ弱のところに稲荷神社がある。劔神社には摂社として稲荷神社があるから、この地は「イナリ」信仰の盛んだったことがしのばれる。劔神社の摂社に稲荷神社があるということは相当古い創建を思わせるから、ＩＮＲＩが流入していたのはほぼ間違いがない。越前には他にも国府だった武生市近郊、池田町に稲荷大明神といわれる式内社、須波阿須疑《すわあすぎ》神社があって、その神社のある地名も稲荷である。

もとは「院内」といったとされ、ここには福成寺という真言宗寺院や時宗の大願寺など寺院が多く、そう呼ばれたであろうということだ。しかしこれは話は逆ではないか。やはりもともと地名は「イナリ」であり、それではおかしいから「院内」と思っているのではあるまいか。

いずれにしても織田、池田は直線距離にして三〇キロもない。国府を中心にして「イナリ」信仰が盛んだったのであろう。

それでは越前織田荘は笠間郡や小田のある筑波郡などの常陸国中心部と関係があって、ＩＮＲＩが流入したのかどうか。

秦氏と越前、そして織田

結論からいえば、あったともいえるし、なかったともいえる。要はよくわからない。ただ可能性はある。

織田氏は「藤原」を自称していた。この「藤原」とは平安時代の藤原利仁《としひと》と関係しているに違いない。彼は越前の豪族だが、延喜年間（九〇一～二二年）に活躍しているから、平安時代も前期の人である。先祖は藤原北家、魚名《うおな》。父は時長、母は越前国人秦豊国の娘だった。彼は秦氏の縁故の地である坂井郡を有し、また敦賀郡の豪族有利の女婿となった。延喜十一（九一一）年に上野介に任じられてから武蔵守、上野守、上総守を歴任し、越前、能登、加賀の鎮守府将軍として武威をほしいままにした。利仁の子は斉藤と称し、この系統からでて有名なのは『平家物語』の斉藤実盛である。斉藤の子孫は越前、加賀などで繁栄し、最も栄えたのは加賀守護冨樫氏である（印牧邦雄『福井県の歴史』山川出版）。

藤原利仁の子孫が越前、加賀で繁栄したのも、秦氏との関係が大きい。織田氏が藤原を自称するのは利仁の子孫であるからという可能性は否定できない。それよりも利仁の子孫が秦氏と結びついて繁栄していた越前にあっては、「藤原」氏は秦氏と混合するほどに近づいていた。だから秦氏でも藤原を名乗っても、越前では通ったのではないか。

古代、まずは平安時代初期以前にさかのぼるが、全部で六郡のうち足羽、坂井、大野、丹生、敦賀の五郡には秦氏が盤踞していた。今立郡は丹生郡から分立だから、越前国全域といっていい。前にも述べたが、秦氏は蘇我王権内では地方官僚として派遣され、しかも部民をひきつれての植民であったから、蘇我王権が消えてから以降も地方に土着し、勢力を誇っていたのである。越前はその最たる地方だった。

それだけではない。もともと越前、加賀は蘇我氏の牙城であり、東北も含めて全国を支配していた蘇我王権時代でも根拠地の一つになっていたぐらいだ。蘇我王権は全国支配だったが、蘇我王権の消滅とともに東北地方は離反し、北東北は大和朝廷に組み込まれることはなかった。越前では、秦氏の威力は鎌倉時代になっても衰えてはいない。

道元のことである。彼は一二〇〇年生まれで一二五三年に没しているから、まずは鎌倉時代前期の人である。彼は京の貴族の出身。十三歳で比叡山延暦寺に入って、貞応二（一二二三）年に宋に留学、安貞元（一二二七）年に帰国。寛元元（一二四三）年に突然越前に移る。

帰国から越前に移るまでの十六年間、宇治の興聖寺にいて著述と弟子育てに没頭していたが、比叡山からさまざまな圧迫を受けたという。比叡山はもはや権威だけで形骸化していたから、道元のように独立独歩型には異常なほどの敵愾心を燃やす。だから圧迫はすさまじかったに違いないが、それでも縁もゆかりもない越前にやってきて道場を開くことになったのはなぜか。彼のパトロンに越前国志比荘地頭、波多野義重がいて、道元を誘ったからだ。永平寺は吉田郡志比荘内にある。波多野は秦氏である。

義重がなぜ道元のパトロンであり、わざわざ自分の領地に誘ったのかはわからない。義重は秦氏となれば、当然太子信仰と無関係ではありえまい。道元は比叡山に訣別したとはいえ、最澄の法脈。最澄の太子信仰は知っていただろう。太子信仰が接点だった可能性がある。それよりも直接的には、ＩＮＲＩそのものだったかもしれない。

源頼朝は寿永三（一一八四）年に木曽義仲を討つと、すかさず越前に比企朝宗を派遣し、国府の役人を支配させた。朝宗は頼朝の乳母の子、比企能員《ひきよしかず》の一族に違いない。比企氏は武蔵比企郡の豪族。ここには吉見百穴がある。比企氏の先祖はペルシア墳墓型横穴群集墓の被葬者である可能性がきわめて高い。先祖がペルシア人だったのではないか。当然ＩＮＲＩ信仰だ。

比企朝宗が越前に乗りこんでくるのに一人でくるわけはない。多数の家の子郎党をひきつれていたであろう。彼は吉田郡志比荘を領有するから、家の子郎党の多くはここに居住したはずだ。ペルシア人の子孫が多数入りこんできたというわけである。ただ比企朝宗がこの地にいたのは建仁三（一二〇三）年までだ。比企能員は北条時政に誘殺され、比企一族は全滅しているからだ。それでも二〇年もこの地にいて支配したのだから、ＩＮＲＩが広められた可能性は高い。

波多野義重は比企朝宗が去ったあとの地頭である。彼は地元の豪族であっても秦氏。比企朝重はペルシア人の末裔らしいから、同じ文化を共有していてもおかしくはない。いずれにしてもここ、吉田郡志比荘、永平寺からは直線距離にして南二〇キロの池田に稲荷大明神といわれた神社があるのだし、ここにはＩＮＲＩが流入していたとみていい。もちろん織田にもである。

越前武士の多くは木曽義仲に従った。その義仲は頼朝に対抗したから滅ぼされたのである。義仲に従った武士は、藤原利仁の子孫たちの斉藤一族であった。頼朝はこれを排除するために腹心中の腹心、比企朝宗を派遣したのである。朝宗は名に頼朝の一字「朝」をもらったのであろう。よほど信用されていた証拠だ。斉藤氏は排除されたが、波多野氏は温存されたに違いない。ただし比企氏が去ったのちに地頭になれたのは、比企氏とは一定の距離をおいたのであろう。だから北条時政も信用したともいえる。

ともあれ二〇年間の比企朝宗の越前支配中に、国府を中心とした地域にはＩＮＲＩは明確な宗教として定着した可能性が高い。

信長の先祖は織田荘にいて劔神社の神官をしていた。その劍神社にはまずゾロアスター教の匂いが濃くたちこめている。しかし前述したとおり、ゾロアスター教は天武天皇によって禁圧されたから、秦氏はネストリウス教、景教に改宗した模様である。劔神社もネストリウス教、景教をバックにしていたであろう。稲荷神社の存在がそれを思わせる。のちにもっと詳しく検証するとしても、信長にはネストリウス教、景教の知識が伝えられていたであろう。

ところで信長の「世にも珍しい酒のさかな」であるが、これも織田氏と越前とのかかわりに結びつく。
織田氏は秦氏であろう。しかしドクロ盃の風習をもっていたのはトルコ系騎馬民族で、ペルシア系ではない。それでもくり返し述べてきたとおり、秦氏は蘇我氏の同盟氏族であり臣下でもあった。越前には秦氏が全域に盤踞し、かつ蘇我氏の根拠地でもあって、平安時代初期までは足羽郡、坂井郡、それに隣接する加賀国江沼郡に部民が多数いた。加賀国は越前国から分離してできた国であり、それまで江沼郡は越前国内だった。いずれにしても蘇我氏ならびに蘇我部民は越前北部に多数いたのは間違いない。越前秦氏は蘇我氏としょっちゅう交わる機会があっただろう。織田氏にトルコ系騎馬民族の風習が伝達されていたことは大いにありうる。

次に信長が一向一揆を憎悪したことである。浄土真宗は親鸞が教祖だが、一向一揆の思想は親鸞が主張してやまなかった今生での救済を徹底的に排除している。「ナムアミダブツ」と唱えさえすれば来世で救われる。これが連如の教えであり、彼は『歎異抄』を読むことを禁じたのだ（増谷文雄、梅原猛『絶望と歓喜〈親鸞〉』）。

一向一揆は親鸞の思想を排除した連如の教え、今生を犠牲にしてまでも来世を信じる狂信的宗教集団をつくりあげようとする、俗気旺盛な、連如教なのだ。信長が「大日教、景教」を思想的バックボーンとした親鸞の教義を憎悪するはずがない。連如教を憎悪したのだ。

第7章　熱田神宮

熱田神宮の太子像

織田氏が「大日教、景教」またはＩＮＲＩと関係した可能性は充分あることはわかったが、それでは信長が直接それに触れた証拠があるのだろうか。要するに彼はイエズス会の宣教師フロイスに会う前に、イエズス会とは違う日本に古くから伝来していたと思われわるキリスト教を知っていたかどうかということである。

直接それを明示する記録はない。しかし彼が聖徳太子を信仰していたことははっきりわかっている。信長は稀代の天才。自分以外はたとえどんな超越神でも信じはしなかったであろうから、太子信仰者だったとは考えられないが、太子に非常な関心を示していたのは間違いがない。それは熱田神宮とのかかわりだ。

信長は尾張国清洲から天下一統の道をあゆみはじめ、しかも自分の領地内なのだから熱田神宮と関係するのは当然だが、この神社には不思議なことがある。祭神は倭建《やまとたける》で、倭建像として奉納されている絵が「冠、装束、正笏」なのだが、なんと四天王寺に古来から伝わる束帯、持笏、帯剣の聖徳太子摂政像そのままなのである。信長のころにはすでに倭建は太子像になっていた。現在でもこの画像は熱田神宮に所蔵されているという。このことは、信長の時代に熱田神宮は聖徳太子信仰の拠点になっていたことを示す。『多聞院日記』天正一〇（一五八二）年三月二十三日条に、およそ次のような内容の記事がのっている。

仙学房がいうことである。一〇年も前のことだが三河国明眼寺の僧可心が法隆寺にきて一年ほどいて太子伝の講義を聞いた。彼は岡崎殿家康の帰依僧だ。一〇年ほど前、正月二日に夢を見た。聖徳太子があらわれて可心にいったのである。天下を浄化するものが三人いる。（朝倉）義景は望めども世間が必要としていない。（武田）信玄も望むといっても武に慈悲がない。駄目だ。（織田）信長だけが可能なのだ。私はかつて（源）頼朝に太刀をつかわしたら天下をとった。その太刀は今熱田社にある。早く信長にやるように、といったところで目がさめた。といっても夢だからとそのまま何もせずにいたらその月の一五日にまた太子が夢にでてきた。先日おおせつけた太刀を何故信長にやらないのだときびしく叱責するのだった。それでもこんなことを具申するのはどうかと思ってそのままにしていた。次に二月五日の夢で太子はいった。たびたび申しつけたのにどうして太刀をつかわさないのか。何故下知に従わないのだ。

明眼から熱田までは三里。神社に参って、その太刀をもって帰って村井長門にしかじかの夢をみてと語ると早速に注進せよとのこと。家康にも話し、太刀を持参して信長に申し上げたら、自分も確かに同じ夢を見た、近頃の大慶であると。

天下を平定したら太子建立の寺を再興すると約束するといった。このことは深く隠密にしておくことだが自分のことなものだからたびたび人に話してしまった。思えば稀代の夢である。

ただ多聞院英俊はこの直後、可心を「利根才目の仁」であり、妻帯の僧だから、いい加減といわんばかりに評している。

それでは可心の話は嘘か。そんなことはない。近衛前久が信長とともに同じ三河にある満性寺で太子伝を聴聞しようとしていたことが前久が満性寺にだした手紙にはっきりと書いてある。この手紙は本能寺の変の直後のもので、内容がなまなましく面白い。秀吉や、信長の子信孝に信長殺しの黒幕ではないかと疑われ、家康に保護を求めて三河に下ってこようとしている様子が書かれている。

去年の夏頃立ち寄り雑談したことは忘れられない。その後書状をあずかった。信長につぶさに申し上げた。うちうちに太子伝を聴聞すべきところだったのに不慮のことがあったものだから是非もなくなった。諸事残念なことが多い。それにつき自分に意地悪いものどもが悪し様にいうものだから窮地におちいったが、一々、三七（織田信孝）殿に申し開きをしたらわかってもらえ、わだかまりも氷解した。

いささか用があって忍びで下向し浜松にまいるつもりである。そちらの寺に宿を借りたい。そう思っていてもらいたい。そちらについたら直接あってうちうちのことを申すことにする。

どこか奥歯にものがはさまった感じの文面である。序章で触れたとおり前久は信長殺しの黒幕だったらしいのだが、この手紙では弁解しているようにとれる。とくに「不慮のこと」などと（自分は黒幕なのに）本能寺の変をそらとぼけているのが怪しい。それにしても織田信孝は甘い。やはりおぼっちゃんだ。

信長とキリスト教との関連に直接かかわりはないが、満性寺と信長は無縁ではなかったのではないか。可心の明眼寺、それとこの満性寺、さらに聖眼寺と、三河には真宗高田派の寺院があって、聖徳太子信仰を盛んにしていた。明眼寺は岡崎にあって桑子妙源寺とも呼ばれ、親鸞の弟子高田顕智がこの地にきてつくった道場で、はじめは太子堂といった。木造の孝養太子立像があって、正和三（一三一四）年、桑子城主安藤氏が河内からもってきたものだ。太子信仰を積極的に取りこんで発展したのである。

満性寺は親鸞の高弟武蔵国、荒木源海の弟子の専了が、聖徳太子の木像と太子筆阿弥陀経を河内国からもってきて創建した。鎌倉時代中期である。これも岡崎の寺院である。永禄（一五五八〜六九年）の三河一向一揆では妙源寺とともに徳川家康に味方し、一揆と戦った。

聖眼寺は豊橋である。妙源寺、満性寺とともに三河高田派三寺のうちの一つである。親鸞の弟子が開創だから、鎌倉時代中期まではあったことになる。太子堂には鎌倉時代の作、太子十六歳像が安置されていた。太子が父用明天皇の病気平癒祈願の姿をあらわし、髪はミズラに結い、柄香炉をもったもので、孝養太子ともいわれる。徳川家康はこんな太子信仰の盛んなところの領主である。相当の太子信仰者だった。ただし家康の場合、どんな太子信仰なのかわからない。信長にあっては家康とは違った意味で、三河の真宗高田派寺院は重要だったのではないか。

真宗高田派は親鸞の教えを固守し、本願寺派すなわち連如にはくみしなかった。一向一揆には反対側にまわって抵抗している。家康も一向一揆には手こずったから、ありがたい存在であったのではないか。

信長には尾張の隣国三河に太子信仰を鼓舞する寺院群が隆盛を誇っていること、それと熱田神宮が無関係ではないことが重要だったに違いない。

三河の太子信仰寺院の僧が熱田神宮の太子像と関連した夢をみて信長に具申したというのは、嘘でなければ、熱田神宮と三河の真宗高田派寺院は太子信仰で結びついていたということだ。その起源は不明だが、案外織田氏がかかわっていたかもしれない。三河の真宗高田派寺院直接のつながりではなく、熱田神宮に結び付ける役割としてである。熱田神宮の太子像はいつからのものかははっきりしないが、室町時代の画像であることは確かであるから、織田氏が尾張に移ってからのことに違いない。熱田神宮に太子信仰をもちこんだのは織田氏ではないか。

熱田神宮は別宮八剣宮以下、多くの摂社末社があることで有名だ。この神宮は出雲大社ほどではないにしても八百万神が宿るところであり、神統譜は雑然としているのは否めないが、それでもここの境外摂社、高座結御子《たかくらむすびみこ》神社の末社に稲荷社がある。さりげなく「イナリ」ＩＮＲＩが祀られているともとれる。

剣は十字架か？

熱田神宮の御神体は、スサノオが出雲の八岐大蛇を退治したとき大蛇の腹を裂いてえたムラクモノツルギだ。このツルギは後世、倭建が東征したとき身に帯び、幾多の危難を救うことになる。この剣を見ることはできないのだが、記紀伝承からすれば鉄剣を思わせる。ところが江戸時代の実見記によれば銅剣だったというのである。確かに神剣は青銅製だ。天皇の三種の神器の鏡も青銅製だし、弥生時代に銅鐸、銅鏡、銅剣を祀ったことは考古学の常識であり、これが三種の神器になっていったとされる。

となれば、神剣は銅製なのはあたりまえなのだ。銅剣は直刀だ。それに鍔をつけたらそのまま十字架になりはしまいか。というよりも、銅剣を十字架とみなす信仰がネストリウス教、景教が日本に伝来してきてからは密かに成立していたのではないか。ＩＮＲＩすなわち「イナリ」信仰とも銅剣はつながっていたかもしれない。

ＩＮＲＩ「イナリ」の以前か以後かははっきりしないが、聖徳太子は日本のキリストとして造作されたのは間違いない。それを完成させたのはどうも空海らしいのだが、それはまあいいとして、まず聖徳太子のイメージである。

聖徳太子の生前、百済の阿佐太子によって描かれたとされる「聖徳太子と二皇子」は、太子の嫡男山背皇子と太子の弟殖栗王《うえくりおう》が左右に立ち、背丈は太子の半分である。太子は『日本書紀』の造作だから、この絵も太子信仰をバックに描かれたものに違いない。太子がさしている剣は異常に長く、背丈ほどもあり、かつ直刀なのに、二人の皇子のものは背丈に比べて短かく、ゆるいカーヴをなしている。直刀ではないのだ。

梅原猛は『隠された十字架』に「隠された太子一家と剣のイメージ」という一節をもうけている。「何か太子には長大な剣をもたなければならぬ秘密でもあるのであろうか。聖徳太子には剣がつきものである」といっている。彼の指摘した太子の剣は子孫絶滅の悲劇と怨霊に結びつけられるが、私にはもう少し違ったことが思い浮かぶ。異常に長い直刀は十字架を象徴しているのではあるまいか。聖徳太子、日本のキリスト。異常に長い直刀、十字架の図式である。

梅原は必ずしも剣に犠牲のイメージを重ねてはいないが、それでも剣で子孫は絶滅させられたから犠牲であることには変わりはない。信長が太子に関心があったというのは、もちろん十字架を隠している日本のキリストとしてである。

次にＩＮＲＩ「イナリ」である。
越前国のことになる。織田の劔神社と池田の須波阿須疑神社と結ぶとゾロアスター教の聖方向に直交すると、すでに書いた。直線距離で二七・五四キロである。その中間点は現在の武生市高木だが、『太平記』に新田義貞の弟、脇屋義助が北朝と戦った場所として「高木ノ社」がでてくる。高木の地名は、天神屋敷にあった五本の大杉が高くそびえていたからだという。天神信仰は平安時代も後期からであろう。劔神社、須波阿須疑神社が創建されたころには、天神信仰はなかったであろう。別の神社だったに違いない。現在はこの町内には八幡神社があるのだが、『太平記』にでてくる「高木の社」だったのかどうかはわからない。それよりも何よりも、稲荷大社には「験《しるし》の杉」という巨木があって、分祀するときはこの杉の苗を移植して巨木に育てあげる。中世まで杉の巨木のある社は稲荷神社だった（山折哲雄編『稲荷信仰事典』戎光社出版のうち、肥後和夫「稲荷伝説」、小島鉦夫「験の杉と稲荷信仰」）。だから「高木ノ社」は稲荷神社だったのではないか。いずれにしても相当大きな神社があったらしい。

　ここを中心として劔神社、須波阿須疑神社線に直交して二七・五四キロになる直線を描く。こうしてでてくる十字は、正確な亜十字形である。北の先端は福井市稲津で、稲荷神社がある。南の先端は南條市奥野々であり、ここは曹洞宗寺院曹渓寺があり、巨石を祀る山王神社もある。しかしこれは万治三（一六六〇）年の改宗であって、もとは真言宗洞春院であったというから、神社も天台系山王神社であるはずがなく、稲荷だったのではないか。

剣神社には摂社に稲荷をもち、須波須阿疑神社は稲荷大明神でもある。この十字の先端四つすべてに稲荷神社が位置して、さらに中心も稲荷神社の可能性が高いのだから、「イナリ」はやはりＩＮＲＩであり、十字架と結びつくのだ（図7−1）。

ただし稲荷信仰は江戸時代に大きく変化しているので注意しなければならない。中世から近世にかけて工業が起こり商業が盛んになると稲荷の神格も変わり、農業神から殖産興業神、万民豊楽の「神霊」と仰がれ、農村だけではなく、大名、町家の随所に稲荷神が勧請された。江戸の市中では、最も多いものの一つは稲荷神祠といわれた。これは現代にもひきつがれ、全国的な傾向で津々浦々にまで稲荷神社がある。全国二万もの稲荷神社があるといわれ、諸神で一番多い。

このイメージで本書を読んでもらっては困る。信長以前の時代には、「イナリ」は現在のイメージとは違っていた。もちろん単なる農業神のはずもない。ウカの大神は穀物神だが、猿田彦は天狗の面相のペルシア神であり、大宮姫は朝廷の女官の神ではないか。このことだけでも、うなずいてもらえるであろう。稲荷大社の祭神としての猿田彦の起源は今もって不明なのか、『稲荷信仰事典』を通読しても、一人の論者もそのことに言及していない。やはり猿田彦にＩＮＲＩが隠されているらしい。

しかしこの書の中で二人の論者がＩＮＲＩ、イナリをそれと気付かずに証明している。まず『山城国風土記』だ。西田長男のこの書に対する解説（『稲荷社の起源』）ではほぼ以下のとおり。

秦公伊呂具《はたのきみのいろぐ》が餅を的にして矢を射ったら白鳥になって飛び去り山にいって禾《いね》になった。それで社の

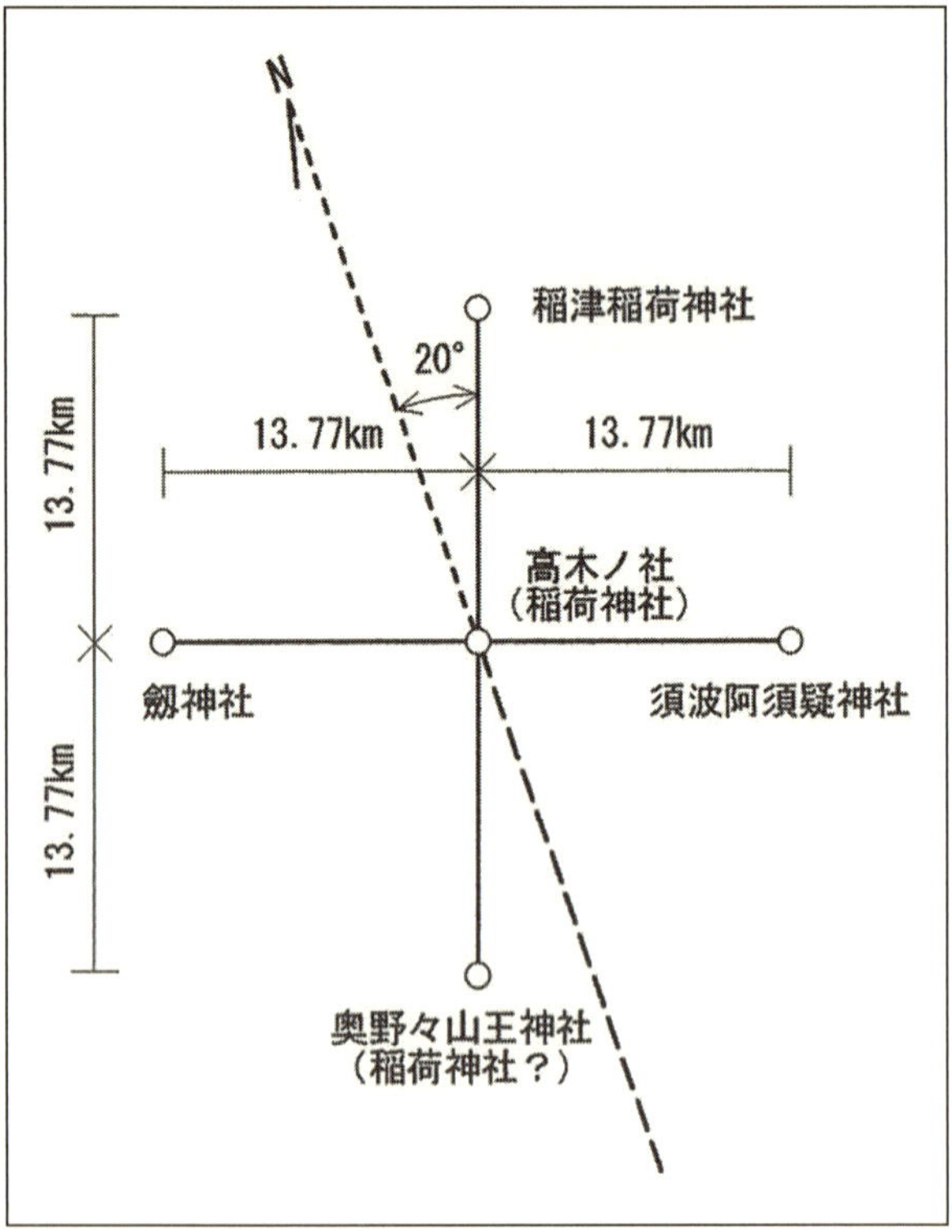

図 7-1　越前イナリ・亜十字

名とした。子孫がその過ちを悔い、社の木を抜いて家に植え祷祭した。その木が蘇ると幸。枯れると不幸。

「禾」に注目したい。漢字はもともと象形文字だ。字の形に意味がある。「禾」も分解すればノ、十、八。ノは頭、十は十字架、八は足。日本では磔は両手を広げ足を大きく開かせたから「禾」形になった。禾は十字架のキリスト、ＩＮＲＩの形とみなせる。餅は福音、キリスト。悔い改めて木（磔の十字架）を移植して蘇るは復活。「キリストを殺し十字架、悔い改めたら復活」が語られている痕跡ではないか。

『山城国風土記』はもともと「禾」とあるところは「子」だったと菟田俊彦はいう（『稲荷伝説の原型』）。「生禾」でいねにな（生）るだが、「生子」は子をう（生）むであり、そこを社とするが『山城国風土記』の原型であるとする。ただこれではイナリ神社の社名の起源は不明ということになる。

『子』はフと十だ。フは頭で十は十字架。これはＩＮＲＩ、インリそのものではないか。菟田説が正しいならイナリ神社はそこが「イナリ（山）」だったからと考えるしかない。となればイナリはインリからの転訛にならないか。

越前の「十字」は国府を中心点としているから、どんなに古くても国府の制度ができる奈良時代以降だ。たぶん秦氏である伊部氏が国府を中心につくりあげたもので、ことによったら比企朝宗によってもたらされたＩＮＲＩの痕跡かもしれない。そうなると鎌倉時代初期だ。

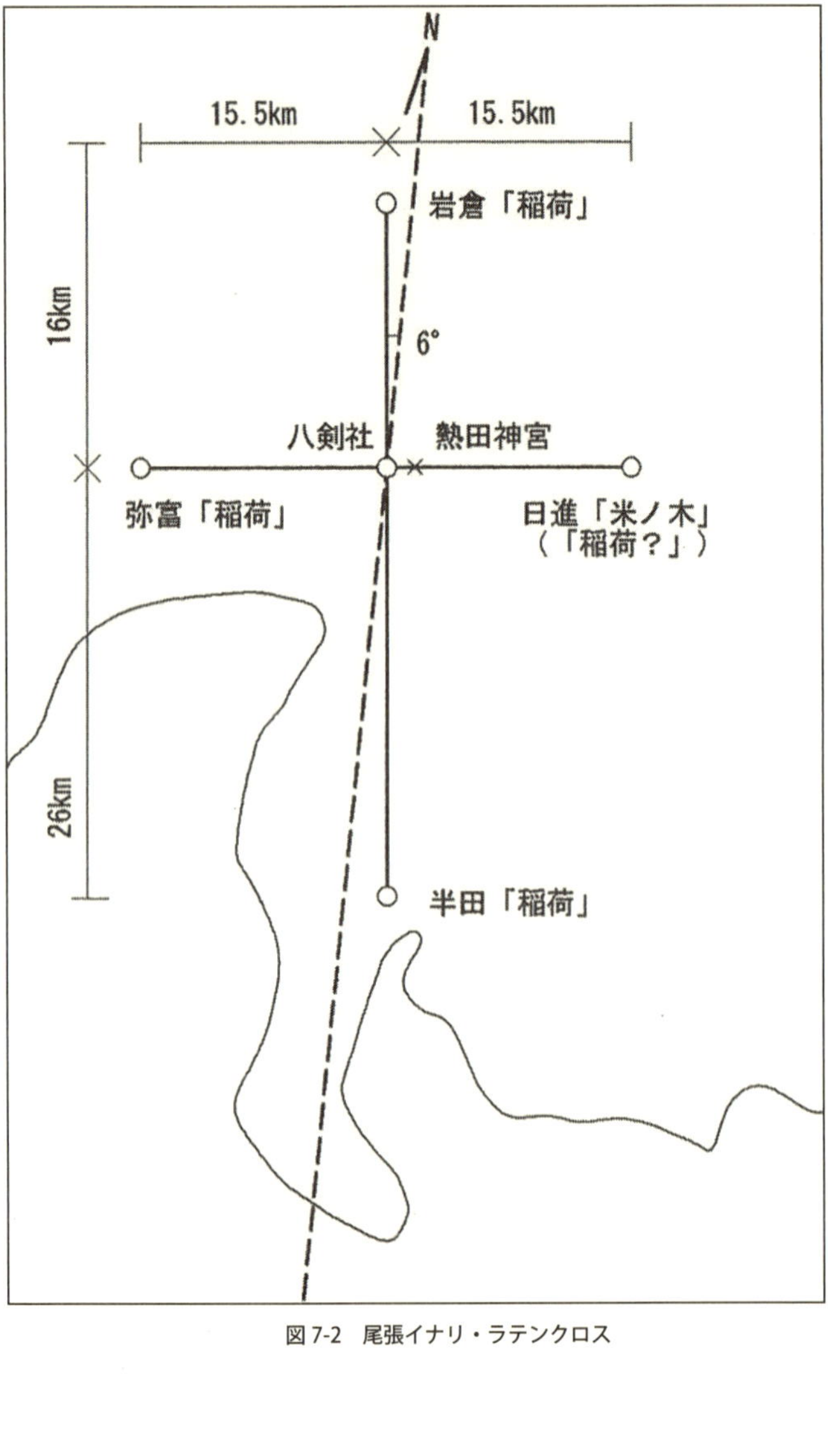

図 7-2　尾張イナリ・ラテンクロス

この十字が、じつは尾張に移されているのである。尾張には「稲荷」のつく地名が多く、それも室町時代以前からのものだ。調べてみたところ、現在の地名では弥富町、岩倉市、半田市。さらには一宮市、名古屋市港区にもある。

岩倉は清洲とともに織田氏の二大拠点であり、ここと半田市の稲荷を結ぶと、熱田神宮を通るではないか（厳密にいえば少し西にずれる）。真北から六度西に傾いているから、ゾロアスター教の聖方向ではない。

岩倉・熱田は十六キロ、総長は四十二キロ。熱田神宮は岩倉・半田の約三分の一のところに位置する。熱田神宮と弥富を結ぶと岩倉・半田線に直行する。熱田神宮（ただし交点）・弥富は十五・五キロだから岩倉・熱田と同距離といっていい。

弥富・熱田神宮線を東に延長し、交点から十五・五キロを先端とすると、愛知郡日進町米ノ木《こめのき》である。江戸時代は米野木と書いたが、起こりは「小梅の木」からきているというが不詳とのこと。これはこじつけ、語呂合わせで怪しい。わざわざ「米」を使うのだから、その前は「稲木」か「稲城」であってもおかしくない。「イナキ」なら「イナリ」の転訛もありうる。越前の十字は亜十字で主軸は東西だが、こちらの方は南北でラテンクロス、十字架の十字なのである（図7－2）。

これはどう考えても織田氏が尾張に移ってつくったものだ。岩倉・熱田の方向と距離が基本となってつくりあげられているからだ。ただ稲荷信仰には、太子信仰と重なる部分はまず認められない。隣国三河では稲荷地名は現在の豊川市と碧南市でみられるだけだ。尾張では五ヵ所もあることからすれば、少ない。豊川市のものは有名な豊川稲荷で、それも近代になってのものだ。碧南市も同じである。豊川稲荷も有名になるのは江戸時代以降であり、三河では稲荷信仰は尾張に比べたら、少なくとも信長時代以前には微弱だった。

尾張は逆に稲荷信仰は盛んで、太子信仰の方は目立った痕跡はない。熱田神宮だけだ。こうしてみてくると、熱田神宮に対し信仰をもちこんだのは、自分の領地で自由がきいた織田氏しか考えられない。ただし、信長の関心は太子の剣にあったことは『多聞院日記』の記事でもうかがえる。

もちろんこの場合は十字架としての剣であり、くり返すが、聖徳太子は日本のキリストだ。

「天下布武」のイメージ

信長が十字架をイメージしていた何事かがあるのだろうか。もしあるとしたら、彼にはどう伝えられたのか。もちろん尾張の地上に印された「イナリ」のラテンクロスの意味は伝えられていたに違いない。それで充分ともいえるが、信長がなしたことで「十字架」を示すものがあるのかどうかということである。ただそれは、フロイスに会ってイエズス会の「天主教」を知る前のものである必要がある。

信長にとっては大きなことだったのに、太田牛一は片隅に押しやらんばかりに扱っている事件がある。信長の傅役、平手政秀の諌死である。

平手中務丞（政秀）の子息は、長男を五郎右衛門（長政）、二男を監物、三男を甚左衛門（汎秀）といった三人兄弟であった。総領の平手五郎右衛門はすぐれた駿馬を持っていた。三郎信長公がご所望なさったところ、にくげな申しようで、「私は馬を手放せぬ武者でございますので、おゆるしください」といって差し上げなかった。信長公はこれを深くお恨みになり、たびたびこのことを思い出されては不快になり、しだいに主従の間は不和となった。

三郎信長公は「上総介信長」と、みずから名乗られた。

ほどなく平手中務丞は上総介信長公の性質のまじめでないごようすを悔やまれ「いままでもり立ててきたかいもなく、存命していてもしかたない」として、腹を切って果てられた。

この記事は、父信秀の葬儀で服装も改めず例の異形の格好で仏前に向かって抹香をわしづかみにしてかっと投げつけたという記事の直後だ。太田牛一の書きぶりからすれば、平手政秀は葬儀のときの異様な行為に呆れ果ててのこと。自分の息子との些細ないさかいで信長と息子の板挟みに苦しんで自害したぐらいの認識だ。太田牛一自身は、平手政秀をそれほど評価していなかったのではないか。

この記事までなら、父信秀の死去した天文二〇（一五五一）年のこと、ととれる。実際には二年のちの天文二十二年である。

信長の父信秀にとっては、彼はたいへん優秀な家臣だったらしい。天文十二（一五四三）年には上京し、内裏修理のための費用を献上しているし、斉藤道三の娘と婚約を成立させている。信長の元服にも立ち会い、天文十六（一五四七）年の初陣に従い、三河吉良、大浜におもむいたりしている。信長の傅役としての役割は当然として、信秀の外交担当者として大活躍していた。内裏に出入りするには相当な教養がない限り無理だし、また外交にも政治的センスだけではなく、幅ひろい教養がいる。政秀は天文二十二年正月十三日、所領志賀村（名古屋市北区）で僧沢彦《たくげん》に後事を託して諫死した。

それで非をさとった信長は、沢彦に命じて春日井郡小木村（小牧市）に政秀寺を建てた。開基は沢彦であるのはいうまでもない。この寺はのちに尾張徳川藩の菩提所となっているから、信長時代にも相当格の高い寺だったのでろう。信長は生涯この寺を大切に扱っていたということか。

信長にとって政秀は単なる傅役ではなかったのではないか。死を賭してまでも伝えなければならぬ何事かがあったに違いない。それなのに信長はまじめに聞かなかった。死なれてはじめてことの重大さに気づいたのではないか。それだからこそ立派な寺を建てて供養したし、しかも生涯大切に扱ったということであろう。

それでは政秀が伝えたかったこととは何か。役割を果たせず死んだ政秀の遺志を継いだものは沢彦宗恩《たくげんそうおん》である。

沢彦が信長のためにしたことは二つある。

信長が美濃征服を果たし井の口に本拠を移すが、そのとき沢彦は、周の文王が岐山より興った故事をもって「岐阜」と改めた。天下を取るようにと願っているというか、予祝している。それに関連するが、「天下布武」なる印文を選んだことである。この四文字から受ける空間イメージが重要なのだ。天下は天から地への垂直概念である。布武は武をしくだが、地上を走って武力で平らげる騎馬民族的イメージである。すなわち水平概念。だから「天下布武」で十字架であり、天下の方が主軸で無限。布武は有限だ。となるとラテンクロスがこの言葉の中に隠されているとみても、そう大きな間違いはあるまい。

平手政秀や沢彦が信長に伝達しようとしたことは、単なる天下取りではない。「十字架」を背負って天下に向かい、平定し、神の国をつくりあげよということであろう。天下を取るために武力を使うのは致し方ない。すべては神の国実現のためである。尾張国の地上にラテンクロスの十字架を刻印した信長の先祖たちの悲願だったといっていい。

しかし、その神の国が問題だったのではないか。天才には神は必要ない。自分が神なのだ。余分な権威など迷惑である。若き日の信長はそう反発したのではないか。それに政秀は困った。生命を賭して教えなければならなかったのは、神の国の実現だったのだ。信長も政秀の諫死の意味を理解したから、彼の霊を丁重に扱ったのに違いない。

政秀や織田家臣はＩＮＲＩ信仰者だったのであろう。ただ織田氏の代々の総領は必ずしもそうではなかった気配がある。尾張に移って初期の総領たち、勝久とその子久長は弾正左衛門と名乗る。さらに後期の信長の祖父、父、信長自身は弾正忠という。弾正忠とは弾正台の役人の名である。長官ではなく次官である。織田氏の分家では、たとえ自称でも長官「弼《すけ》」は名乗れなかったのであろう。

弾正台とは検察に関する官庁のことで、奈良時代からある。通常、行政機関から独立し、太政大臣を除く全官人に非違を糾弾できた。弾正台による不当な糾弾を弾劾できたのは左右大臣だけだった。

祖父定信から信長までの三代にわたって弾正忠を名乗ったということは、彼らは正義が悪を伐つという思想を持っていたことを示す。織田氏は秦氏の可能性が高い。秦氏はネストリウス教、景教に改宗する前はゾロアスター教の祭祀をになっていた。正義が悪を伐つとは、善神アフラマズダが悪神アングラマイニュを伐つ構図ではないか。

信長の家は織田家分流であり、祖父の時代に分家しているから、三代は本宗家と違った信念なり信仰をもっていたのかもしれない。それは、秦氏の源流に戻ってゾロアスター教を信奉することだったのではないか。

越前でも、劍神社や須波阿須疑神社などにでてくるゾロアスター教の聖方向をみても、織田氏が神官になる前には秦氏に違いない伊部氏は、ゾロアスター教を信奉していたことがうかがえる。

ただ織田氏が神官になった鎌倉時代には、越前の秦氏もＩＮＲＩ、ネストリウス教、景教に改宗していたであろう。それでも尾張に移って初期のころ、二代つづいて弾正左衛門を名乗る総領がいるから、ゾロアスター教とまったく無縁になってはいなかったのではないか。

信長にゾロアスター教的勧善懲悪の思想があったとしたら、叡山焼き討ちや伊勢長島、越前一向一揆で見せた残虐な行為も、単に狂気と片づけてしまえなくなってしまう。

悪の中で偽善ほど憎むべきものはなかろう。宗教的信念からすれば、偽善は最悪であろう。叡山の僧は堕落しきり、女を囲い、子をもうけ、物欲のとりこになる。しかも表面は善知識顔している。最たる偽善には違いない。ゾロアスター教的勧善懲悪にあっては、それゆえに生み出された女子供も悪の結晶に違いない。

一向一揆に至っては、仏国土を現出するといって、僧が物欲にまみれた世俗権力を手に入れ領土化する。これももちろん偽善。それに加担する信徒も当然悪。これも徹底的に断罪して何のとがあろう。何よりもしなければならないのは悪の徹底的撲滅である。信長の論理はこうだったかもしれない。ただしこれは、微温的日本人の心情にはなじまない。

秀吉のハシバ

信長がＩＮＲＩ、ネストリウス教、景教に接した可能性については、これ以上はわからない。しかし、古来から連綿として絶えることのなかったペルシア文化との接触は豊臣秀吉を通じて証明できそうなのだ。

秀吉は尾張中村（名古屋市中村区）の貧農の子で、母が再婚したので邪魔者扱いされ、お寺にあずけられるが長続きせず放浪。針売りなどしているうちに野武士、蜂須賀小六に拾われ、そのうちに信長の小者になる。以後、持ちまえの機転と才覚により出世し、ついには天下人になる。一般に流布されているのはこんな経歴であるが、最近の研究では、秀吉の出身は農民ではなかったのではないかというのが主流になってきている。

秀吉の伝記では信憑性が高いといわれる『太閤素性記』には、母は尾張ゴキソに生まれ木下弥右衛門に嫁して秀吉を生んだとある。現在の名古屋市昭和区御器所町であり、中世には、ここに木地師が集住した。秀吉の母は美濃の鍛冶、関兼貞という説もあり、秀吉は行商しながら東海道を下ったときは針を売っていたというのも、案外この鍛冶師とのつながりを物語っているのかもしれない。滋賀県にも、秀吉が鍛冶師の徒弟になっていたという伝承がある。

天野信景『塩尻』に「秀吉系図」があり、国吉―吉高―昌吉―秀吉と続き、国吉の注に「号昌盛法師、生国江州浅井郡、山門僧侶後還俗、尾張愛知郡中村居住」とある。

あるいは中世の近江国浅井郡草野郷（現在滋賀県浅井郡浅井町草野）は村々の中心にあたり「中村」と呼ばれた。そこに生まれた秀吉は、草野の少し南にある鍛冶屋という集落の源平衛という鍛冶屋に徒弟として入った。これは郷土史家の研究である。

草野でつくられた槍は草野槍といってかなり有名だった。要は秀吉は尾張の中村で生まれたのではなく、近江の中村で生まれていて、鍛冶師の徒弟から身を起こしたということになる（小和田哲男『豊臣秀吉』中公新書)。

小和田は、これが史実というのではない、秀吉の出自の可能性として大いに参考になるとして紹介している。これは傾聴すべき説であろう。

秀吉の出世は、当初は武功によるものではなかった。清洲城の城壁の修理を命じられ、普通の人なら二〇日かかってもできないものをたった一日で完成させた。普請の工区を区切って大工たちを競わせたからできたのだった。炭奉行になると、徹底的に無駄づかいをやめさせ、大変な節約になった。

敵地に城を築いたという墨俣一夜城は有名だが、これもあらかじめ木材を加工しておいて筏に組み、川に流し、一夜で組み立てる工夫だった。

この一夜城のおかげで信長の美濃攻略は容易になるのだ。一夜城の成功で、それに協力した蜂須賀小六などの野武士が秀吉の配下となり、これ以後は彼らをひきいての武功となるが、ここまではすべて建築、土木の技術で出世しているのである。

また彼の戦争は、いわゆる槍働きではない。城のまわりにぐるりと土手を築き、そこに水を引き入れ大きな池にして城を孤立させたりする、土木技術を駆使してのものだ。彼自身が建築、土木の技術者だったというよりも、建築、土木技術者集団をたばねる長だったことを思わせる。

信長もそれを熟知していて秀吉を活用した。若き日の秀吉を伝える書『武功夜話』は秀吉の臣、前野長康の事蹟をつづっているが、一九七九年に前野氏の末裔吉田氏の土蔵からでてきたもので、偽書視されているきらいがある。しかし読むと筋に一貫性があり、リアリティにも富み、偽書として簡単に捨て去られるものではない。

これによれば信長は尾張、美濃の国境、木曽川沿いにある生駒屋敷の娘を妾とし、のちの信忠、信雄を生ませているが、よくこの屋敷にきているうちに、ここに寄宿していた秀吉を知り家来にしたとある。

生駒屋敷の常連は蜂須賀小六、前野長康などの野武士で、木曽川の水運の権利も握る自由武士団であり、秀吉もその一員であった。「川並み衆」といわれ、のちに墨俣一夜城は彼らの力によってできあがる。『武功夜話』によれば、川並み衆は建築、土木の技術にもたけ、武士というよりは技術者集団だ。

くり返し述べたように、秦氏は建築、土木、冶金、鉱山などさまざまな技術をこなす技術者集団を配下にしていた。さらに尾張には、秦氏である織田氏の痕跡に違いない地上のラテンクロス刻印まである。

川並み衆は秦氏の配下の技術者集団だったに違いない。秀吉が浪々の身の間は統率者がいなく、バラバラだった。秀吉が尾張に戻ってきて、少しずつ整備されていったのではないか。墨俣一夜城に至って組織が整備され、信長から秀吉の配下になることを許される。

この配下たちを従え、秀吉は急スピードで出世していくが、あまりに出世が早すぎ、旧来からの織田家臣からねたまれるまでになる。織田家臣のナンバーワンは柴田勝家、次は丹羽長秀。秀吉がこの二人の名の一字ずつを取り「羽柴」と名乗りはじめるのは元亀四（一五七三）年からだ。このころ信長は足利義昭を追放し、足利幕府は滅亡している。

秀吉の活躍がめざましくなる直前だが、秀吉伝記では柴田勝家と丹羽長秀、ならびに織田家臣のご機嫌とりに丹羽の「羽」と柴田の「柴」をとって「羽柴」としたという。改姓は勝手にできるとは思えないから、信長の許可をえたに違いない。

ただ、なぜ「羽柴」で、二番目の実力者の姓の字が一番の実力者の姓の字の先なのだろうか。

「柴羽」で「シバウ」、「柴丹」で「シバニ」であってもいいではないか。語呂が悪いということもあるだろうが、現在の私たちには「ハシバ」で慣れてしまっているので「羽柴」を不自然とは思っていないが、秀吉がこう改姓したときには、周囲の人々も奇異に感じたかもしれない。

この改姓には信長が大きく関与しているのではあるまいか。この姓の本当のねらいは「ハシシバ」から「ハシバ」であろう。

「ハシシバ」、「波斯司馬」である。波斯はペルシア、司馬は将軍。「ペルシア（人）将軍」、これが信長が与えた本当の意味に違いない。ただし秀吉と二人だけにしか通じない秘密の意味だ。

信長と秀吉は一心同体に近く、秀吉は信長が命令する前から察して信長の意図通りの活動をしたといわれる。よほど気のあう君臣であったらしい。

しかし単に気があっただけで済まされるだろうか。秀吉は信長なきあと信長の遺志をつぎ、信長が意図していたとおりの天下統一政治や外交を行なったとされる。秀吉は天才とはいわなくとも、日本史上稀に見る偉材には違いない。何でも信長を真似たというのではありえまい。信長の目的は秀吉の目的でもあった。信長にとっての理想は、秀吉にとっても理想だったに違いない。だから信長が天下統一を果たしたらどんな国家をつくったかは、秀吉の事蹟から推察することができるといっていい。

はなばなしい貿易立国であるし、海外侵攻である。秀吉が信長の命令を受けて山陽道の播磨国に攻め入った際に、中国地方征服ののちは九州を退治し、さらに進んで朝鮮半島を従え、ついで大明国を征伐する許可を請ったといわれる（桑田忠親『豊臣秀吉』角川新書）。

秀吉の朝鮮出兵は大失敗だったが、教養のなさがたたったのではないか。信長は大名の嫡子、若いころから充分の教養をつんでおり、秀吉とは違ってもっと緻密な戦略戦術を組み立て用意周到にやりぬき、大明の滅亡を早めたかもしれない。

また大坂城も信長が築いただろう。ここを拠点に大規模な海外貿易を考えていただろう。そうでない限り、大坂城の前身、石山本願寺を執拗に攻めなかったであろう。

この二人はペルシア人の末裔として日本をどうつくっていくか、そのイメージを共有していたに違いない。

信長は美濃を征服して尾張清洲から岐阜に移り、さらに安土、それから秀吉によって大坂へとつぎつぎに根拠を移したが、こんな武将は彼以外にいない。

信長は「本能寺」の最終を除けば、生涯の軌跡がジンギス汗に酷似しているのは、彼の祖先以来のDNAのなせるわざか。征服地へ根拠を次々に移すのはこれも極めて騎馬民族的である。

ジンギス汗も大征服戦のあいだテントで移動するが、野営のテントは巨大で宮殿として使用され、何万人も収容できるものだった。彼は征服地にテントによって一時の野営都市を現出させ、そこは皇帝たるジンギス汗の首都となった。

信長はひょっとしたらジンギス汗を意識していたかもしれない。彼は沢彦はじめ、天竜寺の策彦など臨済宗の僧から学問を学び、海外事情を聴聞しているから、それだけの教養があったはずである。特に策彦は中国に二度も渡り『策彦入明記』を書いているくらいだから、信長がジンギス汗のことを詳しく聞いている可能性は高い。信長は彼と親交したからなおさらだ。明国が衰え国力がいちじるしく低下していることを知って中国征服を考えていたとしても、別に不思議ではない。

第8章　何故キリスト教を受容したのか？

ザビエルの布教範囲

ザビエルはイエズス会創設のメンバーだが、師であり大学の先輩、同志イグナチオ・デ・ロヨラに推挙を受け、ポルトガル王が要請するインド布教の責任者としてゴアに到着した時は一五四一年。以来七年間、インド海岸、セイロン島、マラッカなどで超人的な布教活動を行なうが、たいした成果をえられなかった。四七年、彼をたずねてきた日本人、アンジロー（弥次郎）と知りあい、彼の高い知性、すぐれた人格にひかれ、彼から日本人一般の資質を聞き、また親友アルバスの著書『日本人記』にも影響され、東洋布教の成果を日本でこそ果たせると確信した。

彼を派遣したポルトガル国王の国王軍が布教に非協力的なこともあり、ポルトガル国王支配のおよばない日本渡航を決意する。アンジローを案内役にゴアを出航。マラッカで中国船にのりかえ、天文十八（一五四九）年、鹿児島に上陸。領主の島津貴久から住院を与えられた。布教の自由もえた。上洛の便宜も供与してもらうことになった。

アンジローの助けを借りて教理を簡単にまとめ、それを島津氏の菩提寺、曹洞宗福昌寺内で多くの人の前で読んだ。またこの寺の住職忍室とも親しくなり、霊魂の不滅について論じあったりする。信者も増えた。しかし仏僧たちの反発が強まり、妨害が激しくなった。それに貿易の拡大を期待したのに何のたしにもならず、貴久は態度を硬化。ついにキリスト教を禁圧、改宗者は死罪とされることになった。ここに一年強滞在した。

上洛を急ぎ、二人の日本人信者などを従え平戸に渡る。ここでは停泊中のポルトガル船がザビエルを丁重に歓迎するのをみて、利にさとい松浦隆信は布教を許す。しかし一ヵ月でここを去り、山口に行く。一行の辻説法の噂を聞き、領主大内義隆との謁見は許されたが、布教の許可もなく、たいした成果はえられなかった。

五一年には堺を経て入洛を果たした。しかし天皇、将軍の権威はあってなきがごとくの京である。しかも三好勢が不穏な動きをして騒然たる時期であった。天皇に謁見を求めて御所をたずねたが、門前で衛士と無駄な問答しただけで終った。ルイス・フロイスは、ザビエルの身なりが悪く謁見に必要な献上品をもっていなかったせいにしているが、そんな単純なことではあるまい。「大学」にいって教義論争してキリスト教の優位を知らせようと思った。その「大学」、延暦寺は堕落の極みにあり、しかも権威をふりかざして入山を拒んだ。

たった十一日で京を去る。

堺に戻って彼は、次の目標を山口においた。ここは大内氏の根拠地で、大内氏が京を模してつくった「ミヤコ」であり、室町時代には大いに栄えた。だから京が駄目なら山口と考えたらしい。まず平戸におもむき、祭器や、天皇、将軍に献上しようと思っていた楽器、眼鏡、ポルト酒、織維など珍奇な贈り物と、インド総督、ゴア司教の推薦状をたずさえて山口を再度訪れる。義隆は今度は布教を許可し、住院も与えた。天体の運行、雷、雨、月の満ち欠けなどの自然現象の理を教えたら、人々はたいへん喜んだという。ここでは琵琶法師ロレンソなど五〇〇人の信徒をえた。

逗留五ヵ月頃、豊後の領主大友義鎮（宗麟）の使者が、ポルトガル船の沖の浜入港要請を伝えてきた。義鎮はキリスト教に関心があり、礼を尽くしてザビエルを迎え、ただちに布教を許し、時がくれば自身も改宗することを約束した。滞在二ヵ月強で、ザビエルはインドに去った。ザビエルは二年三ヵ月の日本滞在だったが、日本人には大変な好感をもった。以下、彼の手紙の一節である。

われわれが接触した人々から判断すると、日本人は現在までに発見せられた人民のなかでいちばん善いものである。未信者のなかで日本人に優るものを発見しないと考える。日本人は友誼に富み、概して善良で、けっして悪意はなく、またなによりも名誉を尊ぶ。かれらは概して貧乏であるが、貧乏は紳士にとってもしからざる者にとっても不名誉ではない。

この好印象は彼がはじめて会った日本人、アンジローに負うところが大きいようだ。アンジローは薩摩武士で、殺人罪を犯しひそかに国外に脱出し、マラッカにのがれた。ザビエルは彼の資質の高さに気づき、ゴアの聖パウロ学院でポルトガル語やキリスト教々理などの教育をほどこした。新知識に対する摂取意欲に感心している。アンジローを通して前掲の手紙の前に「日本人は新たに発見された人種中、最も知識欲に富んだものである」とローマに書き送った（日本歴史12、林屋辰三郎『天下統一』中公文庫）。

ザビエルの軌跡をみると、二年三ヵ月の日本滞在で最も長く逗留したのは薩摩である。最初におとずれたのがここだからということだろうが、やはりアンジローの存在が大きいのではないか。彼は海外逃亡し、弟と従僕を従えていたから、それなりの身分だったに違いない。

彼がザビエルに伴われて、鹿児島に到着したとき、誰ひとり彼の過去をとがめるものはなく、たいへんな歓迎ぶりだったという。殺人をおかしたといって海外に逃亡しなくても、戦国時代のまっただ中、敵対国に逃げこみ、そこの家臣になる道もあったはずだ。それをせずに海外にのがれたのは、彼の意識が海外に向っていたからではあるまいか。

薩摩、大隅両国は倭冦の根拠地となっていた。その倭冦は大隅正八幡宮を信仰したから、彼らののる船は「ハチマンセン」とか「バハンセン」といった。大隅正八幡宮は秦氏の氏神、宇佐八幡宮を大隅に移住した秦の人々が勧請してできた神社である。奈良時代初期のことだ。薩摩国守護島津氏が秦氏なのである。ザビエルがアンジローの資質に感心しているが、アンジローも海外に出てザビエルのことを聞き、会いたいと願ったというから、キリスト教に相当の関心があったのだ。

いまだに伝来していないはずのキリスト教をどこで知ったのか。マラッカだろうか。しかしザビエルはインド周辺で布教の成果をほとんどあげていない。そんな環境にあったザビエルにどうして関心があったのだろう。

彼は海外に出てキリスト教の噂を聞いているうちに、自分が信仰しているものとひどく近いことをさとったのではあるまいか。彼の信仰したもの、それはＩＮＲＩ「イナリ」だったろう。

実は島津氏は鎌倉時代初期には熱心な稲荷信仰をもっていた。日置郡東市来町にある稲荷神社は、鎌倉時代初期、薩摩島津氏の初代忠久が勧請した。この周辺は「稲荷」を地名にしている。

伝説がある。忠久の生母、丹後局が摂津国住吉神社の境内で、忠久を稲荷大明神の加護により無事に出産した。それで忠久は薩摩入国と同時に、守護神である稲荷神社を創建した。薩摩、大隅には豊前の秦氏が奈良時代直前に移住してきていて、島津氏はじめ上層部は秦氏である。

アンジローも秦氏で、ＩＮＲＩ「イナリ」信仰者だった。だからキリスト教のことを聞いたとき、自分の信仰している「イナリ」信仰に酷似していることに驚いたに違いない。

島津貴久がザビエルを最初は歓迎したのも、アンジローと同じ理由だったのではないか。アンジローも島津家臣だったかもしれない。

貴久は仏僧の反発や貿易の交流に役立たないことを知って冷淡になっていったというが、これは致し方ない面が多い。当時薩摩国内は安定していなくて、貴久の地位も安泰ではなかった。豪族たちの利害得失に気を使わざるをえなかった側面が大きい。島津氏は尾張の織田氏同様、ＩＮＲＩ「イナリ」を信奉していた。だから島津貴久はザビエルを歓迎したし、薩摩の人々も教義を理解した。

ちなみにザビエルが足跡を残した所、周防（山口）、肥前（平戸）には、中世にまでさかのぼる稲荷信仰の痕跡は見られない。

豊後の大分、大友屋敷に隣接して稲荷神社があって、これが稲荷町の地名の起こりになっている。大友宗麟のキリスト教への強い関心も、このことと無縁ではないかもしれない。

信長の十字架

ザビエルは山口滞在中に、それまで布教の便宜上、創造主ヤハウェを「大日」といってきたのを真言宗の大日如来と混同されることに気づいて、「デウス」を用いることにする。ザビエルたちから「大日《だいにち》」の語を聞いて、真言宗の僧侶が、大日如来をお前たちも信じていたのかと大喜びをしたので、驚いてこの語の使用をやめた。

ザビエルはジョアン・フェルナンデス修道士（アンジローの弟）に、この語の使用と大日如来を拝むことを禁じるよう説教せよと命じている。創造主ヤハウェ、「デウス」を大日と訳したのはアンジロー（法名パウロ・サンタフェ）だろうが、この語を使用したということは、「大日教、景教」を知っていたという何よりの証拠ではないか。彼も大日如来も知っていただろう。むしろ

「大日」と真言宗の大日如来の近似も知っていたに違いない。その近似を、彼はそれほど気にとめなかったのではないか。

薩摩武士アンジローが「大日教、景教」を知っていたのだから、ネストリウス教は秦氏周辺ではよく知られていた宗教で、日本国中の秦氏とその部民に普及していたとみていいのではないか。当然信長のネストリウス教知識も、アンジローのものとよく似た内容だったろう。

ネストリウス教のキリスト教は、中国に伝来して相当変質したらしいことは景教碑文でわかる。ザビエルは「大日」を禁じ「デウス」使用に踏み切ったときに、大日如来と「デウス」との違いを明確にさせた。それと、至聖なる三位一体の玄義や「デウス」のペルソナの関係、または至聖なる三位一体の第二のペルソナが肉体をもち人となり、人類を救済するため十字架で死んだことを強調している。「デウス」の創造玄義、三位一体、十字架上の犠牲。この三点が重要だったのだ。

景教碑文には、「デウス」の天地創造玄義は詳しく、次いで三位一体が詳しく記されている。ところがキリストの十字架上の犠牲はほとんど触れられていない。キリストも、「メシア」とたった一度名がでてくるだけなのだ。碑文の書きだしは「ヨハネの福音書」冒頭に近い。

初めに、ことばがあった。ことばは神とともにあった。

この方は初めに、神とともにおられた。

すべてのものは、この方によって造られた。造られたもので、この方によらずできたものは一つもない。

この方にいのちがあった。このいのちは人の光であった。

光はやみの中に輝いている。やみはこれに打ち勝たなかった。


書きだしの直後に、三位一体が「三一」として出てくる。「諸々の聖人はいうにいわれないほどのすぐれた存在だが、キリストは三位一体のこの至聖なる身体で無限の存在であるか」ただここでは「元尊」となっていて、神かキリストか、はっきりと明示されていない。

次に「十字架によって四方を定める」といった形で十字架を暗示しているが、この場合、東西南北を表示する十字として扱われているにすぎない。

「十字架によって四方を定め、元風を鼓吹して陰陽二気を生む。暗い空に代わって天地が開ける」といった分脈の中で使用されているから、必ずしも十字架といっているともいえない。

碑文のうち教義は半分ほどで、のちの半分は阿羅本が中国に景教を伝来した経過や唐の皇帝の保護を受け、繁盛したさまが述べられている。教義の中でも最後に近くなって「印しの十字で東西南北の四方を照らし」とある。犠牲のシンボルとしての十字架は単なる印しとなっているだけで、それ以上の言及はない。キリストに関しては「ヤハウェの三位一体の分身、主、メシアはヤハウェの真実を隠し人類の（罪をあがなう）代理として出現した。天地の歓びの中ローマで生まれた」といっている。はっきりキリストのことをいっているのはこの箇所だけだ。十字架上のキリストと復活、さらに再臨の約束などについてはまったく言及されていない。新約聖書で最も重要なことが抜け落ちている。

現実主義、功利主義の中国人には十字架上の犠牲や復活は滑稽にしかとられないと知り、景教の僧侶はここをはぶいたか、軽く扱ったのだろう。ザビエルが山口で布教したとき、キリストは十字架で死んで人類の罪をあがなったということを、真言宗の僧侶はあまりに現実から離れすぎ、寓話か夢物語のように思って、話を聞いて笑うものもいた。「デウス」すなわち「大日」が大日如来と同じだと上機嫌だった同じ僧侶たちがである。

ネストリウス教、景教としてキリスト教を知っていたと思われる信長も、十字架上の犠牲のキリストをどの程度知っていたのか。おそらくアンジローとそれほど変わらないレベルではなかったただろうか。

それでも尾張には地上にラテンクロスが刻印されている。尾張の織田氏代々が信じたネストリウス教、景教でも、「十字架」を景教碑ほど軽く扱ってはいなかったであろう。

信長には、人類の罪をあがなって十字架にかけられて死ぬキリストが救世主とは思えなかったのではないか。彼にとっての十字架はどこまでも剣であり、剣をもって全国を征服して天下を治めることだったただろう。いや全国だけではない、世界征服すら考えていたかもしれない。

秀吉が信長に大明国征伐許可を願いでたことを、桑田忠親は典拠があまり確かなものでないとしている。史料は不明だがよく小説などに引用されるし、桑田は、学者でもこの明示していない史料を引用する人がいるとも書いている。それによると、秀吉は信長におよそこんなことをいったことになっている。

中国を斬り従えたらその国を近習たちにやって下さい。私はその近習たちをつれて九州を征伐します。一年間だけ支配させて下さい。その間に一年分の米をたくわえ兵糧とし軍船をつくって朝鮮に伐ち入ります。

朝鮮を賜わりましたらお子さまお一人を御大将として大明国に攻め入ります。大明を平らげたらお子さまに進上します。そうすれば日本、朝鮮、大明すべて上様のお手に入ります。

のちに秀吉が三国統一をめざして朝鮮に攻め入ったのは、このときの信長との約束を実行に移したものだと、これを引用する人々はいう。いったのは秀吉でも、信長とは一心同体といってもい秀吉のこと、信長の意図を察して言上したともとれる。

「天下布武」の天下とは全世界を視野に入れてのことだったかもしれない。信長の脳裡にはジンギス汗が浮かんでいたかもしれないのだ。浅井久政、長政親子、朝倉義景三武将のドクロにうるしを塗り酒のさかなとしたのも、先祖伝来の風習をここにもちだして家臣を驚かせて喜んだということではあるまい。騎馬民族が平原を駆使して他民族を征伐するイメージから、世界征服までを想像していたのではないか。彼にとっての十字架は剣であり、それも馬上でなを頭上に振りかざすものとしてである。

フロイスと信長

信長がイエズス会の宣教師にはじめて会ったのは永禄十二（一五六九）年二月である。ただし宿所に呼び入れ、フロイスの外見を観察するのみで、接見は許さなかった。その理由を「予が伴天連を親しく引見しなかったのは他のいかなる理由からでもなく、実は予は、この教えを説くために幾千里もの遠国からはるばる日本にきた外国人をどのように迎えていいかわからなかったからであり、予が伴天連と語ったならば、世人は予自身もキリシタンになることを希望していると考えるかもしれぬと案じたからである」と、信長自身がフロイスを案内した和田惟政、佐久間信盛にいった（フロイス『日本史』松田毅一・川崎桃太訳）。それから何日のちかは明記がないが、この年、一五六九年四月に突然信長から呼びだしがあって、フロイスは和田惟政とともに将軍館の造営工事現場の信長をたずねる。

ここには大勢の見物人もいるのだから、信長は今度は、衆人が注目する中でわざと宣教師に会って親しく語り合うところを見せようとしたのは明らかだ。

年はいくつかとか、ポルトガルから日本にくるにはどれほどの日数がかかるかなどたわいのない質問のあと、信長はフロイスにこんな遠隔地、日本にきた真の動機を単刀直入に聞いている。

日本にこの救いの道を教えることにより、世界の創造主たる人類の救い主なるデウスの御旨に沿いたいという望みのほか何の考えもない。だから困苦を喜んで引き受け、長い航海にともなう大きな恐るべき危険にも身をゆだねるのです、とフロイスはこたえる。またこの日信長は、布教の許可も約束している。

信長は尋常ならぬ（大）声の持ち主であったから、声を昂め、手で仏僧の方を指さし、憤激して言った。「あそこにいる欺瞞者どもは、汝ら（伴天連）ごとき者ではない。彼らは民衆を欺き、己を偽り、虚言を好み、傲慢で僭越のほどはなはだしいものである。予はすでに幾度も彼らをすべて殺害し殲滅しようと思っていたが、人民に動揺を与えぬため、また彼ら（人民）に同情していればこそ、予を煩わせはするが、彼らを放任しているのである」と（『日本史』）。

フロイスは信長との初対面で「日本にこの救いの道」を教えるためにきたといっているから、キリスト教の教義の大略はこのとき説明したから「この救いの道」といったいい方をしたに違いない。信長はフロイスの教義の説明をただちに理解したらしい。もしそうでなかったら教義に対する質問内容も書きとめているはずなのに、それがない。

この理解の早さはどういうことなのだろう。フロイスの『日本史』には、彼が信長に教義を説明している場面がまったくない。それなのに信長は常に既知の態度をとりつづけている。信長がいかな稀代の天才とはいえ、事前にキリスト教を知っていたとしか思えない。『日本史』を読んでいてそう感じるのだが、この書に接した一九八一年以来、それは変わらない。

今まで彼がネストリウス教、景教によってキリスト教を知っていた可能性について述べてきた。信長がイエズス会直伝のキリスト教についてフロイス引見の前に触れることがあったかどうかみてみたい。

ザビエルは天文二〇（一五五一）年に京にきたが冷たくあしらわれ、たった十一日の滞在だけで去っている。その後、永禄二（一五五九）年にヴィレラが京にきて悪戦苦闘しながらも少しずつ布教していく。小さく粗末な掘立て小屋を借りて定住するまでには転々と住居を変えなければならなかった。永禄三年春には約一〇〇人の信徒をかぞえるまでになる。

京に入って一ヵ月余でヴィレラはようやく妙覚寺にいた将軍義輝に会い、布教を認められる。翌年に姥柳町に一軒の家屋を買い求め、礼拝堂とした。

永禄六年になると信徒の数も増え、京周辺の大名とその家臣が続々とキリシタンに改宗する。京を支配する三好長慶、松永久秀は布教を妨害したが、その家臣結城忠正、大和沢城々主高山飛騨守その子右近。三好長慶の家臣三箇頼照、池田教正など七十三人の武将が改宗したのだった。フロイスが京にきたのは永禄七年十二月末（一五六五年一月末）、礼拝の人数もふえ二五〇人の懺悔をきき、木曜には約七〇人の聖餐を受けるまでになった。

しかしこの盛況も長く続かない。永禄八年五月に三好義継、松永久秀らによって将軍義輝が殺される。布教を保証した将軍を失い、実権を握った松永久秀は日蓮宗信者、キリシタン迫害をはじめ、三好義継はバテレン追放、教会没収。ヴィレラ、フロイスも堺に退去。

信長がフロイスに会う十四年前にキリスト教は京に伝来し、それなりの信徒もいた。京では四年前に禁圧されたが、堺では信徒も増え続けていたから、信長にその気さえあればキリシタンと接触することはできた。

立花京子はその可能性は高いとして、大友宗麟が仲介したとしている。ただ宗麟が信長と何らかの接触があったと思われる史料は永禄一〇（一五六七）年、美濃征服を果たし「岐阜」と印文「天下布武」を選定させた沢彦に褒賞として黄金一〇枚を積み「黄金は世間に多くあるが盆は豊後の屋形からの進上品である。秘蔵せよ」といって与えたとある記事だ（立花京子『信長と十字架』）。

信長と宗麟がどうしてつながったのかは不明であるし、フロイスをはじめてみたとき「キリシタンにはならない」と和田惟政と佐久間信盛に宣言している。また布教の許可を与え、キリスト教には理解を示したが、その宣言通り、自身が信徒になることはなかった。一方宗麟は熱心なキリシタンになったのだから、宗麟がどんな意図で信長と連絡をとろうとしたのかはわからないが、彼から説得されてキリスト教とつながったわけではあるまい。稀代の天才信長は唯我独尊、決して他人の教えや意見に左右されることはないのだ。

すべては自分の判断による。ヤハウェなど信じるはずもない。信長の生涯がそれを証明している。こんな信長に、畿内には多数になっていたであろうキリシタンも、わざわざ尾張清洲や美濃岐阜にまで出向いて入信をすすめにいくだろうか。また入信をすすめずに援助を請うこともしないだろう。

やはり信長のイエズス会、キリスト教への関心は、アンジロー（弥次郎）と同じくネストリウス教、景教の知識があってのことだろう。アンジローはイエズス会キリスト教の信徒になったが、信長はならなかった。彼が信奉したものはネストリウス教、景教よりもゾロアスター教の方だったし、しかもその勧善懲悪思想にあったからに違いない。

フロイスに語った仏僧への憎悪は、そのことをあますところなく示している。

立花京子『信長と十字架』は極めて野心的な労作である。彼女の結論では、信長殺しの真の黒幕はイエズス会であり、信長政権はその傀儡政権だったのに、いうことを聞かなくなったので消されてしまったのだということになる。

この着眼はすこぶる面白いし衝撃的ではある。とはいえ、その是非を問うつもりはないが、一番肝心なことがきわめて不明快である。

イエズス会と結んだグループがあって、その中核に清原枝賢という明経家《みょうきょうか》を据えている。かれはキリシタンだったそうである。この清原枝賢が信長と強くつながっていたというのである。しかしいくら読んでもその具体的根拠がでてこない。

清原氏は朝廷で最高の明経家の家柄であり、その祖先清原頼業が源頼朝のスローガン「天下草創」を産みだしたから、その子孫の枝賢も「天下布武」の印文をつくりだし、信長に提供した。「天下布武」は沢彦《たくげん》の撰文ではないというのだ。信長の「天下布武」は頼朝の「天下草創」の模倣だから、朝廷の明経道の大家清原氏がこの撰文にかかわらないはずがない。何とも奇妙な理屈である。「天下布武」が「天下草創」の模倣というのも、秀吉が頼朝を尊敬していたから信長もそうだったに違いないというのである。

信長は唯我独尊、たとえどんな歴史上の偉人でも、彼はそんな人物を真似ることなどありえない。秀吉は信長を師とも仰いだ。その心根で頼朝を尊敬することは大いにありうる。しかし他人に対する態度は信長と秀吉では大きく違っているのである。

ここを見誤らないことだ。先祖が頼朝の思想的ブレーンになっていたから、子孫も信長の思想的ブレーンになっていなければならない、そんな奇妙な理屈があるだろうか。

沢彦は「天下布武」が武力ではなく徳をあらわす語であることなど知るはずもなく、彼には「天下布武」撰文の能力がなかったというのも独断的すぎる。中世の臨済宗の僧侶は高度な知識人。中国古典など知らないことはないぐらいの教養を身につけていたはずだ。

なぜ妙覚寺、本能寺か

信長は京の宿舎として二条の妙覚寺、下京の本能寺を使用している。両方とも法華宗寺院だが、京では法華宗が上層町衆の帰依が厚かったから強大な勢力を誇っていた。法華宗寺院と密にすることは、京の上層町衆を味方にすることでもあり、信長はその効用に着目したせいもあろう。また当時、京最大の寺院であり、法華宗の本国寺は四方に幅広い堀をめぐらせる軍事要塞、城構えとなっていた。妙覚寺、本能寺も同じく城構えになっていたに違いない。足利義昭も二条屋形が完成するまでは本国寺を宿所とした。ただ信長はそんな功利的理由だけで法華宗になじんだのではなさそうである。

彼自身、法華宗におおいに関心をよせていた。フロイスもはじめは信長が法華宗の信者ではないかと思っていたほどである。はたからそうみえたのであろう。妙覚寺、本能寺に宿泊するだけではない。所領も安堵しているのだ。

好悪の情の激しい信長がどうして法華宗にそれほど関心があったのか。信長が最も憎悪したのは一向一揆だ。その根本思想は厭離穢土。死後の極楽往生を願わせ、そのためには現世の苦難に耐えさせ、結局は僧侶の現実世界の走狗としてしまう欺瞞にみちた宗教行為。これが一向一揆の実相だった。それに対して法華宗は娑婆即寂光土。きわめて現世利益的である。政治家である信長の現実主義が法華宗の現世利益を好んだということだろうか。それはないであろう。たぶん彼は、法華宗の苛烈さを好んだ。

法華経はきわめてイマジネーティヴな比喩に富み、それで絢爛豪華たる現世を描いてみせている。もちろん来世と直通することはいうまでもないが、信者に現世の夢を与えるのは間違いない。

犠牲をしいる一向一揆とは根本的に違う。ただ絢爛豪華の現世を現出させるためには、俗悪に対して戦闘を挑み勝利しなければならない。その場合の俗悪とは世俗権力であろう。ただ、世俗権力に対して挑戦して勝利しても、僧侶が権力化してはならない。ユートピアは世俗化しては意味をなさない。この純粋さがあったればこそ、宗祖日蓮は数々の法難をのりこえた。法然の浄土宗を攻撃し、鎌倉幕府執権北条時頼に対しては法華宗に帰依することを訴え、『立正安国論』を提出したが、幕府側は政治に容喙するものと誤解、当然、日蓮を目の敵としてさまざまの圧力を加える。何度も討たれかけるのである。

沖の小島におきざりにされ、満潮であわや水没するところを漁師に救いだされ、それでもめげずに鎌倉市中で辻説法をくり返す。ついには佐渡の島流しである。

最終的には佐渡の島流しも許されるが、もう鎌倉には住まず、甲斐の身延山で生命を終える。それでも一生闘争で明け暮れたといっていい。日蓮は十三世紀も後半に活躍したが、それから二〇〇年後にまた痛烈な僧が輩出する。日親である。

時の将軍足利義教に『立正治国論』を書き送ったら、怒った将軍はとらえて日親に灼熱した大鍋を頭からかぶせる猛烈な拷問をさせる。そのすさまじさは世間をふるえあがらせた。この試練に耐えた日親へ、人々は信頼を高め、特に京の町衆は彼に救いを求めた。

なんせ彼は若いころ、修行している寺で一日ごとに一指の爪をはぎ、そのあとに針をさし、あるいはその手を熱湯につけるなどの言語に絶する苦行をつんで意志の力をときたえたという

（日本の歴史10、永原慶二『下克上の時代』中公文庫）。

天文五（一五三六）年には天文法華の乱が起こるが、一介の法華宗徒が天台僧に議論を吹っかけ勝ったのに怒った延暦寺の僧兵が法華寺院を攻撃する。ここに相手きらわず宗論をふっかけては折伏する法華宗徒の姿がある。

乱としては、延暦寺と細川氏などの武家連合軍が法華宗と町衆の連合軍を徹底的にたたきのめして終わる。下京も焼失し、討ち死にしたもの三〇〇〇人とも一万人ともいわれる。町衆らの子供で御所に逃げこんで殺されたもの数千人といわれている（日本の歴史11、杉山博『戦国大名』中公文庫）。

ともあれ法華宗は苛烈きわまる宗派であり、そのぶん純粋である。とくに妙覚寺は不受不施派の本拠。法華宗徒以外からは施しを受けなければ施しもしない。この派の祖、日奥は信長、秀吉時代の人だ。ユダヤ、キリスト教の選民主義を思わせる。のち徳川幕府から禁圧されるぐらいだから純粋、選民主義は激烈をきわめた。これは信長好みに違いない。

しかし彼はフロイスに会い、イエズス会のキリスト教を知り、法華宗に対する態度をがらりとかえる。信長がフロイスを引見してから二カ月ほどのちのことである。信長に仕えていた朝山日乗という半僧半俗の人物とフロイスが宗論することになる。

日乗は出雲尼子氏の家臣朝山氏の出身、中国地方と畿内を渡り歩いているうちに巧みに朝廷に入りこみ、信用をえて朝山上人の称号を賜る。信長も入京後、法華僧としてふるまう日乗を将軍連絡役に使う。

日乗とフロイスとの宗論だが、はじめは日本人で盲目の琵琶法師、ロレンソとの対論からだった。

日乗は眼にみえないものなど、五官に感じられないもの以外に何を信じるのか、もしそんな存在があるというならいますぐここにだしてみせてくれとやる。きわめて即物的だ。これに対してロレンソは全能の創造主デウスと人間との関係を語るが、理路整然としている。フロイスの『日本史』には手前味噌のきらいもあるだろう。それでも明らかに日乗の即物論は、自然科学ならいざしらず、宗論としては弱い。その自然科学だってこの時代は未熟だ。だから日乗の論はあまりに稚拙だ。

途中からフロイスが引き継いで宗論は続くが、優劣は誰の眼にもはっきりしている。宗論の間、信長は二度、口を挟んでいる。

ロレンソがデウスは万人に至福を与えているといったら、それでは分別をわきまえない馬鹿にも至福は与えられるのかと問うた。ロレンソはそうである、馬鹿に純真さがあり、それこそデウスが与えた至福と答える。信長はその答えに大変満足だといって彼をほめる。

信長はキリスト教の本質を実に的確に理解していたことが、このことからもうかがえる。

二度目はフロイスに対して、デウスは善を称し悪を罰するかと質問している。フロイスは、デウスは人間の眼にはみえないが、人間が宿る生命の本源こそがデウスだといったときにである。

信長には難解だったのか。それよりもＩＮＲＩ「イナリ」またはネストリウス教、景教の信仰者であるよりはゾロアスター教の信奉者信長としては、これが最も気になるところだったのではないか。フロイスはデウスも信賞必罰はする、ただし現世で一時的か来世で永遠かの二法があると説明している。

信長のゾロアスター教的信念では、善悪二つの神が遭遇さえすれば善神が悪神に打ち勝つということが重要だったのではなかったか。信長の勧善懲悪も道徳的領域は超えていたであろう。叡山焼き討ちや一向一揆の絶滅はそうみえる。

信長が上洛のはじめまでは法華宗に好意をよせたのも、ゾロアスター教的勧善懲悪をこの宗派に感じたからに違いない。イエズス会のキリスト教を知って、こちらの方が遥かに激烈、純粋とみた。そうなると、信長にとって法華宗は邪魔か、さもなければ現実政治に利用しつくす道具でしかない。天正七（一五七九）年に天主閣が完成したばかりの安土城で、法華宗と浄土宗の宗論を行なわせる。

仏教嫌いの信長でも、仏教を排撃ばかりしていては一般民衆の人気が沸かない。それで安土城下には多数の仏教寺院を誘致した。その中で最も信頼したのは浄土宗の応誉《おうよ》だ。彼に浄厳寺をつくらせる。

上野国浄運寺（浄土宗）の僧、玉念霊誉《ぎょくねんれいよ》が安土にきて法談していたら、法華宗徒二人が文句をつけた。霊誉は、素人ではだめ、専門家をだしたら宗論に応じてもいいといった。このことを耳にした信長は、安土城で浄土宗と法華宗の宗論をさせることにする。

結果としては法華宗は負ける。どうも肝心な用語を法華僧は知らなかったらしい。でも信長が法華宗が負けるようにはめた気配が濃厚である（京都市『京都の歴史4』学芸書林）。法華宗は負けた結果、僧日諦はぶたれたうえ袈裟もはぎ取られ、法華宗以外に法難をしないよう起請文をださせた。それだけではない。京にある法華十三カ寺、合せて米十万石分にあたる金銭上納を義務づけた。やはり法華宗の弱体化が目的で信長が仕組んだ宗論だったのであろう。

第9章　バロックとしての天主閣

信長がつくった地上ラテンクロス

今までの検討をとおしても、信長が安土に居城をつくった意味がはっきりしない。豊臣秀吉が甥の秀次に命じて近江八幡に八幡城を築かせ、安土町人を移住させて城下町を造営させた。ということは、近江八幡は城郭と城下町を立地させるには好適な場所だったのだ。信長も安土ではなく近江八幡に居城と城下町を造営してもよかったのではないか。それをせずに、あえて安土城をえらんだのはどうしてか。

信長は浅井、朝倉を滅ぼしたあと、羽柴秀吉に浅井の居城、小谷城を含め北近江を与えた。ところが秀吉は信長に琵琶湖岸の今浜を居城にしたいと願い出、許された、となっている。

それ以前に明智光秀は、比叡山焼き討ちからそれほど経たずしてその東山麓で、これも琵琶湖岸の坂本を居城とすることを信長に命じられた。安土城ができるまで、この城は天下で最も美麗な城との評判をえた。光秀は比叡山も含めた近江滋賀郡を与えられたのだ。

秀吉は今浜を長浜と名を改めたが、坂本、長浜両城ができたときにはいまだ安土城はない。信長が安土に築城をはじめるのは天正四（一五七六）年だが、長浜、坂本両城はその前年までにできあがっている。

ところが長浜城、安土城、坂本城を地図上にプロットしていて気づいたことがある。長浜―安土間。直線距離は二十七キロ、安土―坂本間もちょうど二十七キロだ。この三点を結ぶ二等辺三角形の底辺は正確に東北、西南、要するに緯度経度に対して四十五度となっている。

それと、この正確な東西南北に四十五度で傾く底辺と他の辺でできる角度は、これも正確に二〇度なのである。ゾロアスター教聖方向角度二〇度がここにあらわれる。

日本では北から二〇度西に傾く本来の聖方向のみならず、それと対象的な東に二〇度傾く方向も聖徳太子時代というか、正確には蘇我氏時代には聖方向として神殿などで採用されていた。

信長は後世に先んじた合理主義精神の持ち主と評価される。確かに戦術、経済政策などではそういっても間違いはない。彼の合理主義は現実主義に由来しているのではなく、理念から発していた。

長浜、安土、坂本の二等辺三角形も、信長にあってはまず安土を決める。それから今いった地理関係、すなわち東西、南北に四十五度傾く底辺をなし、対角が二〇度をなす地点として長浜、坂本を選びとったのだ。越前に亜十字、尾張にラテンクロスが刻印されていることを知っていた信長のことである、当然そうあってしかるべきだ。

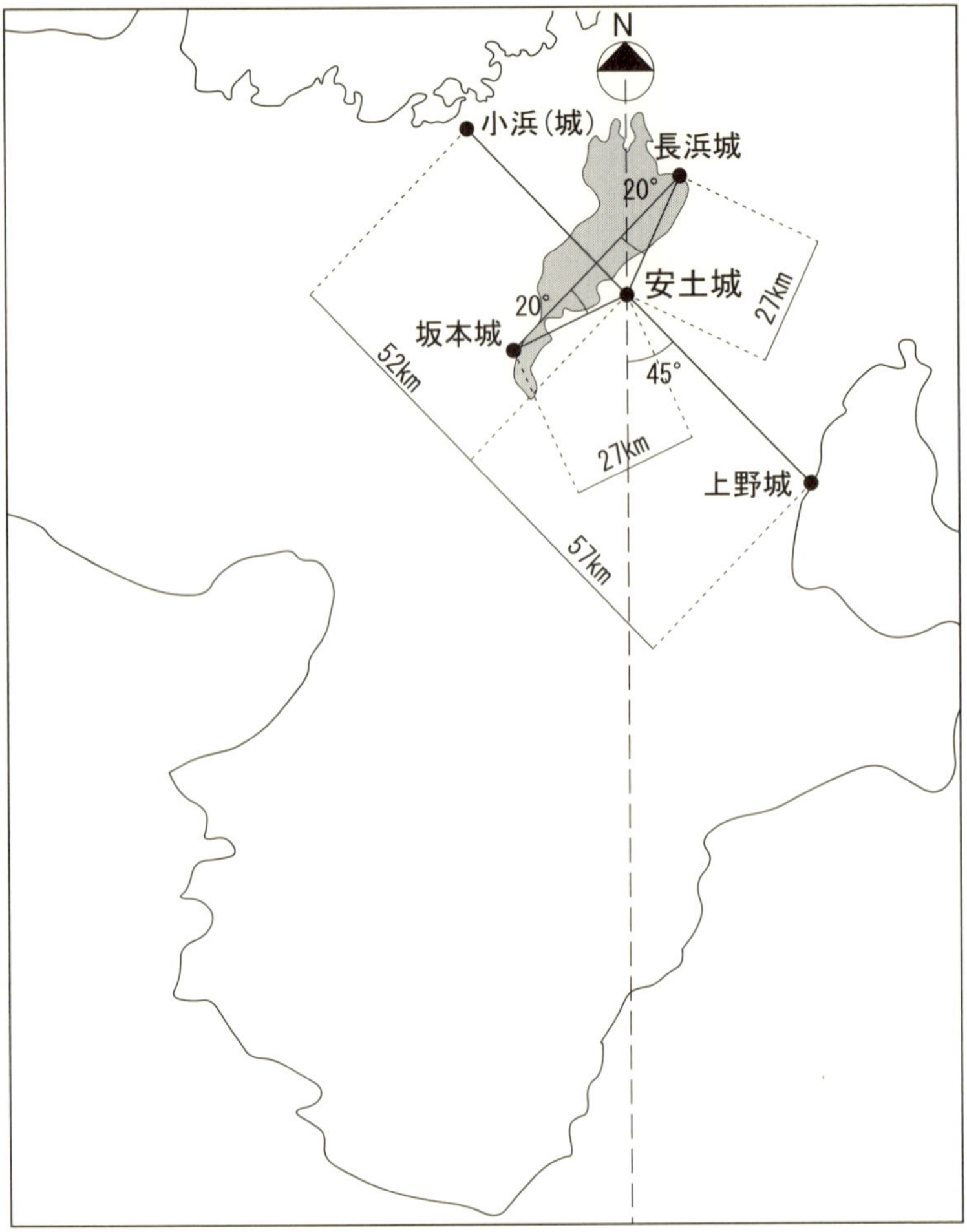

図 9-1　信長の変形ラテンクロス

しかし地上のスーパーグラフィックをこれだけでとどめたわけではなかった。長浜、安土、坂本の鈍角二等辺三角形の底辺に直交し、安土城を通る線を延長させると、北西五十二キロで若狭国遠敷郡小浜となり、日本海にでる。それが東南五十七キロだと伊勢国庵芸郡上野となり、太平洋にでる。

信長は元亀元（一五七〇）年、弟の織田信包《のぶかね》に命じて伊勢、上野に築城させている。伊勢北部、長島城に滝川一益、南部一志郡多芸城には息、北畠（織田）信雄がおり、ここに築城する戦略的意味はそれほどなかった。その証拠に、築城してほどなく信包は津城に移り、上野を兼知した。秀吉の時代になっても左京亮光嘉が一万石で上野城主だったから、間違いなく戦略上の重要地点ではなかった。この築城には戦略とは違う意味がこめられていたはずだ。こうなると小浜がどうだったか気になる。

天正元（一五七三）年、朝倉氏を滅ぼし、丹羽長秀に若狭半国を与えた。長秀はそれまで若狭守護の居城だった小浜、後背山城を使用した。天正八（一五八〇）年には長秀は北陸一揆攻めに出陣したが、小浜にあって廻船支配、加賀一揆勢の物資補給を遮断する戦術をとった。しかし信長の生存中には築城はなかった。彼としては、丹羽長秀にここに築城させたかったのではないか。

信長にとって長浜、坂本、上野三城とも戦略上の理由で築城させたというよりも、この地点にこそ意味があり、小浜も入れて、長浜、安土、坂本の鈍角二等辺三角形のどまん中を小浜、上野線で串刺しにする変形ラテンクロスを現出させるのが目的だったに違いない（図9－1）。

長浜、坂本二城が戦略上重要と思われないのは、二城とものちに廃城になっているからだ。坂本城は、明智光秀が山崎合戦で秀吉に敗れたのちただちに廃城。浅野長政がかわりに大津城を築く。長浜城は徳川時代初期に廃城となり、かわりに井伊氏が彦根に築城する。

坂本城は元亀二（一五七一）年に築城開始で元亀三年には完成していた。織田信包の上野城は坂本城よりも築城は一年早いが、元亀元年から三年までの元亀年間は浅井、朝倉との姉川戦、延暦寺焼き討ち、信玄との三方原の戦いと、信長の死命を制する大戦をこなしていた。そんなとき信長は変形ラテンクロスを胸に秘め、それほど戦略上重要とも思われない上野、坂本に築城させていたのである。

長浜は天正二（一五七四）年の築城。そのときには信玄は病死してこの世になく、将軍足利義昭を追放し、浅井、朝倉を滅ぼしているから余裕があった。秀吉は信長の意図を察知している。長浜築城が戦略上の意味から考えられていないことぐらい充分知っていたに違いない。

信長は秀吉に、できる限り絢爛華麗な城をつくることを要請したはずだ。そうでなければ秀吉は、安土城が出現するまで世に最も美麗と評判になったものをつくるはずがない。長浜城は美麗といわれはしなかった。そのかわり秀吉は派手な祇園祭をはじめた。これは現在でも続いている。それだけではない。長浜城下に稲荷神社を勧請している。この神社は間違いなくＩＮＲＩ「イナリ」信仰のものだ。信長の変形ラテンクロス刻印の意志をはっきりと察知していた証拠だ。長浜には今でも「稲荷町」の地名がある。

それでは信長は変形ラテンクロスにどんな意味をこめたのか。

変形ラテンクロスの短軸である長浜、安土、坂本の鈍角二等辺三角形。その対角二〇度はゾロアスター教聖方向を四十五度回転させたものだ。ゾロアスター教の痕跡をこうして最小限残しておいて四十五度回転させたというのは、「天下布武」の十字イメージを表現しているととれる。この場合、安土城以下の城郭は「天下布武」教というか、信長教の神殿だ。

もう一つ、聖徳太子信仰とかかわる。東西南北の亜十字とそれを四十五度回転させてできる八本の同長放射線の先端八点を結ぶと、正八角形になる。聖徳太子の夢殿の平面形ではないか。こうして信長は、聖徳太子信仰の盛んな近江中央部に、ラテンクロスの短軸をもってきたのである。

安土城の蒲生郡、長浜のある坂田郡、小浜の若狭国遠敷郡ともに秦氏が集住した場所である。伊勢国庵芸郡上野は、秦氏が集住した北の朝明郡、南の飯野郡に挟まれている。だから秦氏勢力とは無縁ではないはずだ。坂本城の滋賀郡も、北に秦氏が集住した高嶋郡と接している。ここも秦氏と無縁ではあるまい。

やはり信長には安土築城が秦氏勢力の中心地だったこと、太子信仰が問題だった。信長にとっては「隠された十字架」ということになるが、おもてむきは秦氏勢力と太子信仰が盛んだったことが重要な理由だったに違いない。

四天王寺、法隆寺伽藍配置

聖徳太子が日本のキリストとして明確に意識されて書かれた伝記は『補闕記』であり、それをさらに完成したものが延喜一七（九一七）年の『伝暦』である。しかし両書にキリストを暗示する語が明記されているわけではない。全体構成から『新約聖書』との類似が指摘できるにすぎない。

聖徳太子信仰を推進した人々は、彼を日本のキリストとするというよりも、『新約聖書』を参考に聖人をつくりあげた。だから太子にキリストが投影されていなければならないなどと考えたわけではない。

それでも太子の聖人造作には、おおいに『新約聖書』が参考にされたのは疑問の余地はない。太子信仰に『伝暦』の果たした意義は大きかったといえる。『伝暦』は『補闕記』をとおして太子にキリストを投影している。それは作者の意図というよりは、『日本書紀』から連綿とつづく『新約聖書』からの影といっていい。『伝暦』を読む人々にも、無意識裡に『新約聖書』の影が投じられているはずである。

一方、京の広隆寺に連なるネストリウス教、景教信者の系譜があり、この人々もことあるごとに太子信仰にネストリウス教、景教導入を試みた気配がある。それが織田氏に伝達され、最終的には信長に継承された。ただし織田氏、特に信長の場合はネストリウス教、景教はゾロアスター教的色彩を濃厚におびるに至っている。

とはいえ、信長には太子信仰を示すエピソードがあり、太子を信仰したかどうかは別にして、関心をよせていたのは間違いなさそうである。信長に顕現するネストリウス教、景教と太子信仰とのつながり。そこには十字架がみえ隠れしている。

それでは、信長までにつながったと思われる十字架の影は、太子信仰の場合どこにみいだされるだろうか。建築としたら、四天王寺と法隆寺ではあるまいか。

四天王寺ではどうか。日本建築では一つ一つの建物の規模が小さいこと、木造のため増改築が容易なことなどから、神社でも寺院でも、思想を表現するのは建築配置である。ゾロアスター教の聖方向は建築配置の基準を示すものだが、日本でもよくつかわれている。

四天王寺は、創建当時はきわめて単純な配置だった。中門、塔、金堂、講堂が南北の中心軸に並び、それを回廊が取り囲んでいるだけである。回廊は南北が長く、東西が短い。創建、推古天皇三一（六二三）年は必ずしも説話とはいいきれないらしい。創建時の配置が今記したとおりでも、別におかしくない。これよりも遥かに規模が大きい寺院法興寺が、蘇我馬子によって飛鳥につくられていたのだから。

ちなみに法興寺、飛鳥寺だが、ここは塔を中心に東に東金堂。西に西金堂。北に中金堂。南に中門となって、整然とした亜十字形である（図9−2）。それを正方形に回廊が取り囲む。亜十字はゾロアスター寺院や宮殿でよく使われているが、ゾロアスター教に限られているわけではない。オリエントでは聖図形として尊重されている。キリストのラテンクロスも、はりつけにされた十

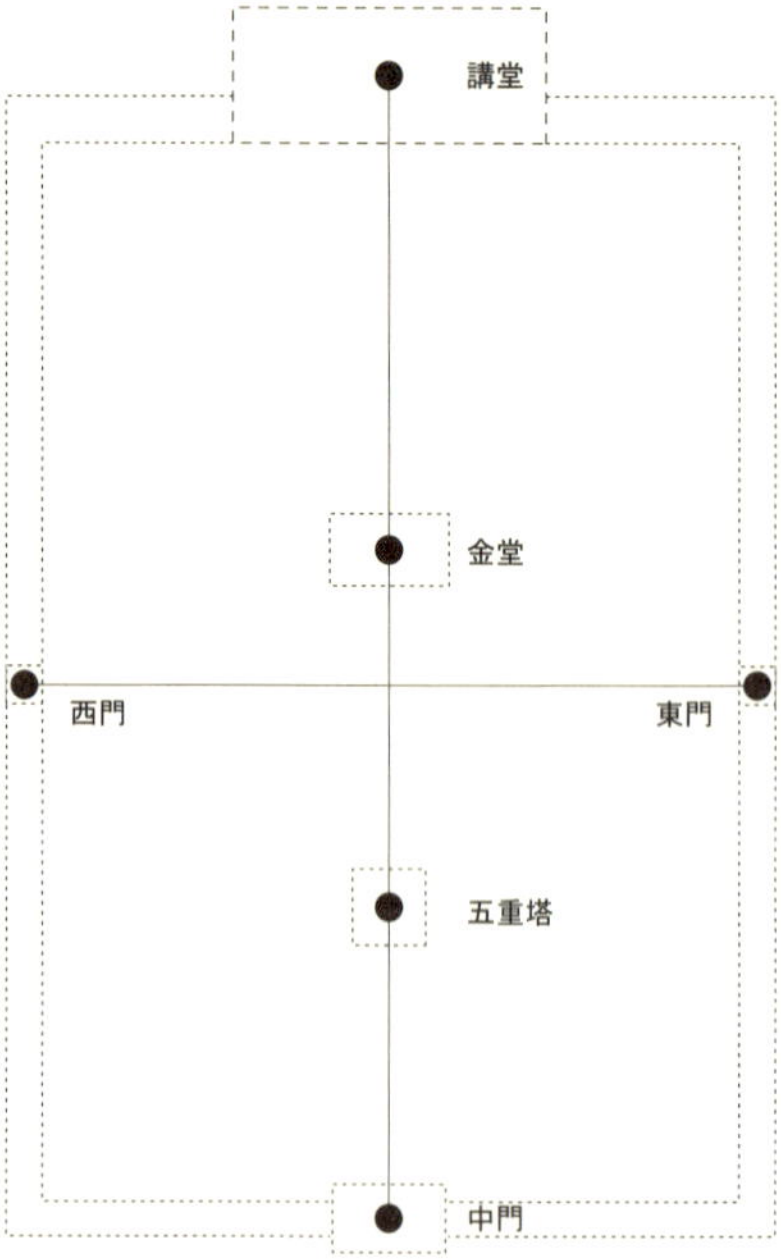

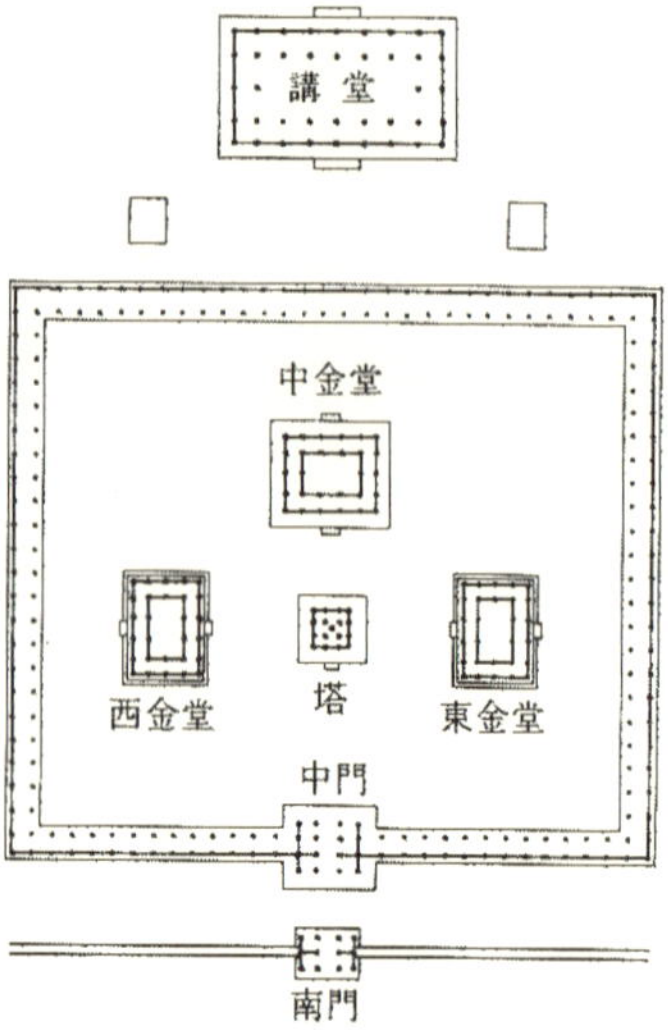

図 9-2　飛鳥寺伽藍［日本建築学会編『日本建築史図集』（新訂第 2 版、2007 年、彰国社）所収］

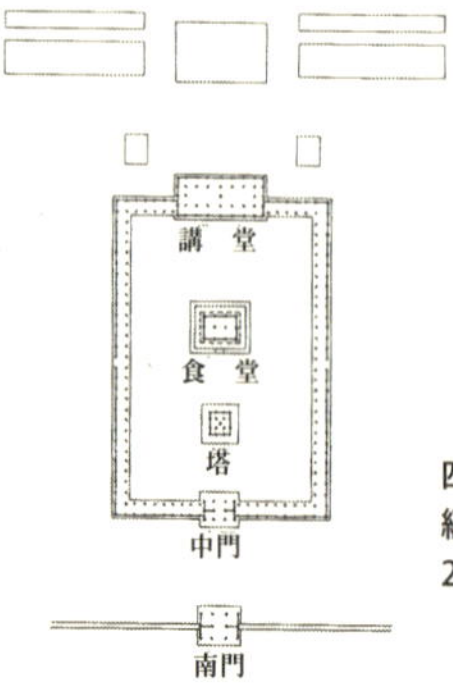

四天王寺初期伽藍［日本建築学会編『日本建築史図集』（新訂第 2 版、2007 年、彰国社）所収］

図 9-3　四天王寺十字モデル

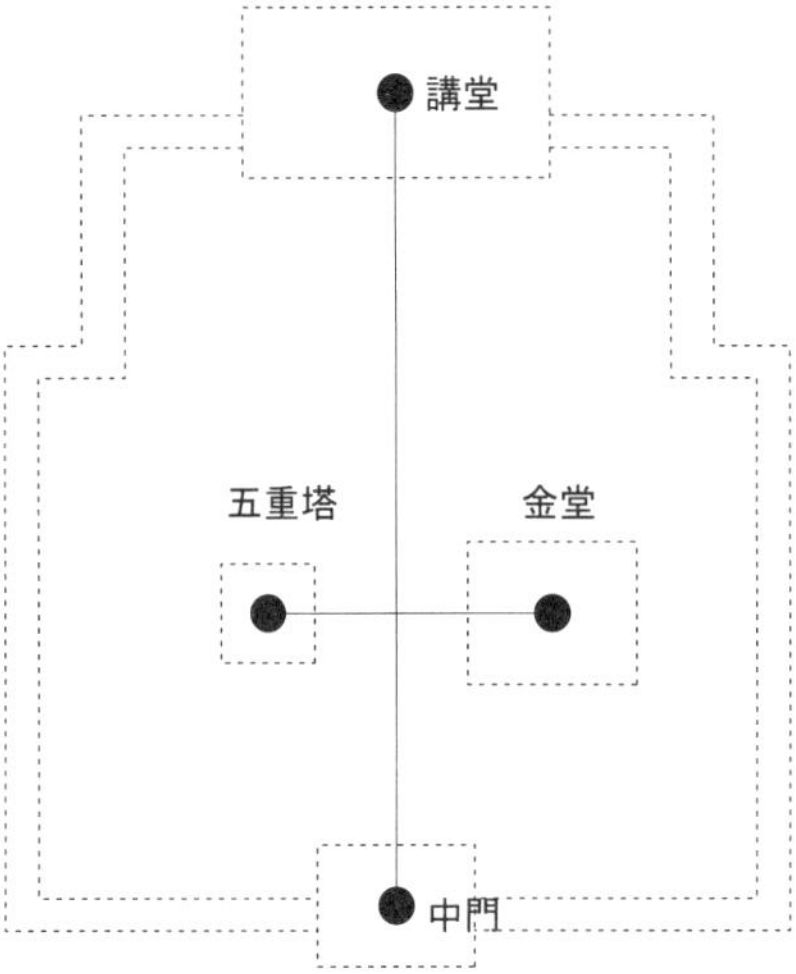

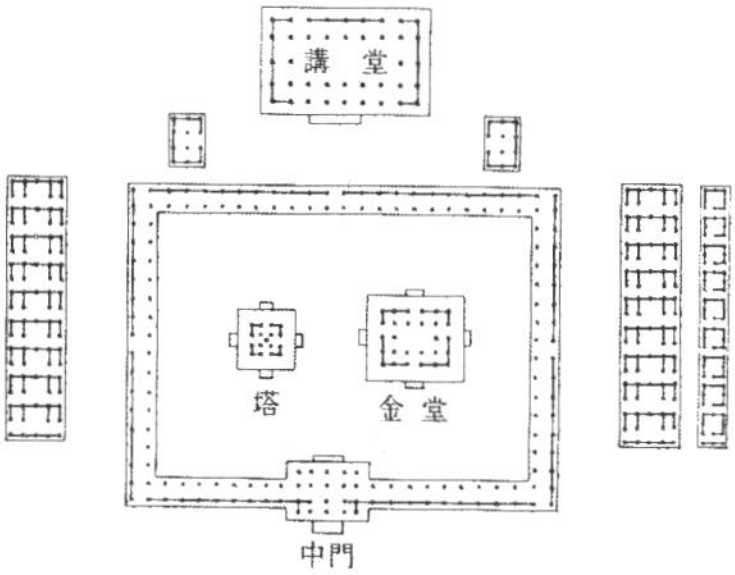

図 9-4　法隆寺当初伽藍［日本建築学会編『日本建築史図集』（新訂第 2 版、2007 年、彰国社）所収］

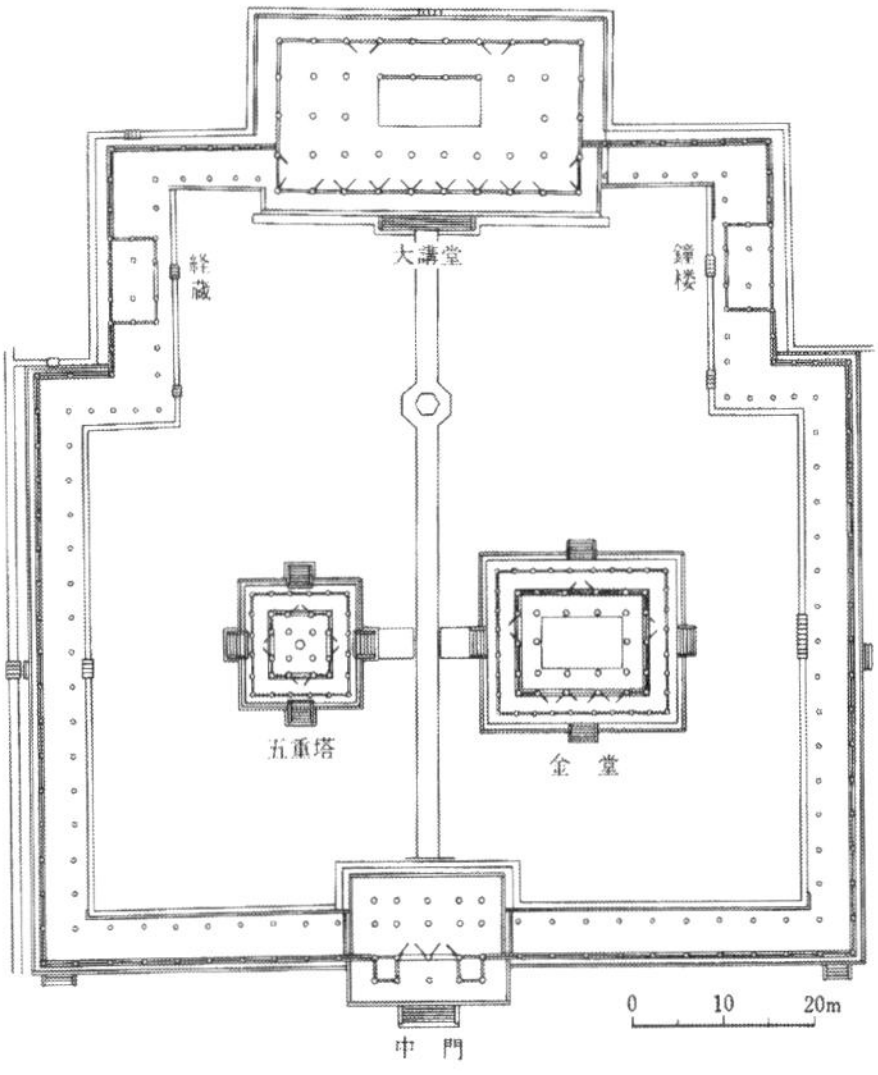

法隆寺後期伽藍［奈良六大寺大観刊行会編『奈良六大寺大観　1』（1972 年、岩波書店）所収］

図 9-5　法隆寺ラテンクロス・モデル

字架の形とはいえ、やはり聖図形であり、亜十字を基本としているのはいうまでもない。法興寺も四天王寺も、回廊に入る門は中門しかなく一ヵ所である。

四天王寺では中門から北に三つの建物が一直線に並ぶから、南北線が極めて強いことを示している。ところが、いつそうなったかは不明だが、平安時代の中期までに、回廊には東門と西門がつけられ、東西線が付加されている。南北の一直線構成の基本には変化はないが。

西門が重視され極楽の東門とされた。ということは四天王寺に隣接して極楽浄土があり、四天王寺西門はそのまま極楽の東門ということなのだ。こうなったのは寛弘四（一〇〇七）年に『荒陵寺御手印縁起』なる太子直筆文が発見され、四天王寺の塔と金堂は極楽浄土の東門の中心にあたると書いてあったからだ。もちろん、これを発見した僧慈運の偽作に違いない。それでもこの縁起は大反響を呼び、『今昔物語』では太子自身が西門に「極楽浄土の東門の中心にあたる」と自ら書いたことになる（『太子信仰』）。

西門が重視される前の東門、西門を回廊に付け加えた動機は何だったのか。

建築配置上は明らかに十字の顕在化が意図されている。亜十字ではないが、南北線の中心は金堂と塔の間だが、ここをとおる東門、西門線の東西線は南北に比べて短い。漢字の「十」に近い（図9-3）。

いずれにしても回廊に東西門を付加したということは、十字をこの寺院に顕在させたことである。まずは十字の顕在化があって、それが当時の人々にはこれといった意義、すなわち太子信仰に隠された十字架、それをめざめさせることにはならなかったのではないか。それでも四天王寺の隠された十字架は、藤原氏によって越前に伝えられた可能性がある。平安時代中期には貴族たちの四天王寺参詣が大流行し、多数参詣し、特に藤原道長は四天王寺と深い関係をもっていた。

越前では平安時代全般を通じて、道長と同じ藤原北家出身の利仁の子孫が斉藤氏として繁栄する。藤原北家出身の斉藤一族は、京の本家一族との交流を密にしていたと考えられる。この交流を通じて四天王寺の隠された十字架が越前に伝達され、秦氏である伊部氏を刺激して劔神社、須波阿須疑神社など五社による「イナリ」亜十字ができあがった、と考えられまいか。利仁の子叙用が伊勢神宮、斉宮寮頭だったので、斉宮の「斉」をとり斉藤を名乗ったことからして、この一族ははじめから宗教と関わっており、その可能性は否定できない。

それでは法隆寺はどうか。法隆寺の創建は飛鳥時代だったとしても、現在の地にできたのは奈良時代初期まで下るとみられている。はじめの伽藍配置――東に金堂、西に塔と並び、それを東西に長い矩形の回廊が取り囲む（図9‐4）。回廊の外は、北に大講堂があり、大講堂の南、左右に経蔵と鐘楼があった。

長い間この配置が守られたが、平安時代の延長三（九二五）年に大講堂が火災になったあと、正暦元（九九〇）年に再建されるが、そのとき大講堂を回廊の中に取り込むため、回廊の北側をこわし、大講堂を回廊につなげた結果、凸型の平面になった。これで中門、大講堂が南北線をなし、金堂と五重塔が東西線をなす、南北が長く東西が極端に短いラテンクロスができた。実際に四つの建物を結ぶ敷石がそうなっている（図9-5）。『伝暦』の成立が延喜一七（九一七）年だから、大講堂火災より八年早い。これを再建しようとした人は『伝暦』に隠されたキリストを知っていて、太子信仰をより盛んにするために、この寺にラテンクロスを組み込もうとしたということは大いにありうることだ。

回廊には中門から入るから、このラテンクロスの頭部は大講堂に見える。しかし図形的には頭部が中門で、足部は大講堂だ。大講堂を回廊に取り込んだ人物もそう考えていたのではないか。中門は梅原猛が指摘したとおり、真ん中に柱があって人の入場を拒んでいる。怨霊封じの門だったのである。これにひきかえ大講堂は僧が自由に出入りする場所で、しかも裏にあたる北側にも扉があって、僧たちにとって回廊に入る入口はむしろこちらの方なのだ。入口のはずの中門が怨霊封じなのだから、なおさらそうなる。ともあれ法隆寺は、平安時代にラテンクロスを回廊内に組み込んだのだ。これこそ「隠された十字架」だったのではないか。

ただ法隆寺は平安時代には四天王寺に比べて、こと太子信仰に関しては地味な存在だった。ここが隆盛に向かうきっかけは、西大寺の僧叡尊の尽力による。彼は太子の舎人、調使子麻呂《つきのおみこまろ》の子孫を自称する法隆寺の僧顕真から依頼されて、法隆寺の如意輪観音修理をし、さらに開眼修養を大々的に行なうなど、さまざまなイヴェントを催した。また叡尊は北条時頼に呼ばれ、鎌倉で太子像の開眼供養を行なっている。この太子像は法隆寺の孝養像の模作なのだ。

南北朝、室町時代以降、足利尊氏などの武家による太子信仰は法隆寺に関わる。ただし南朝

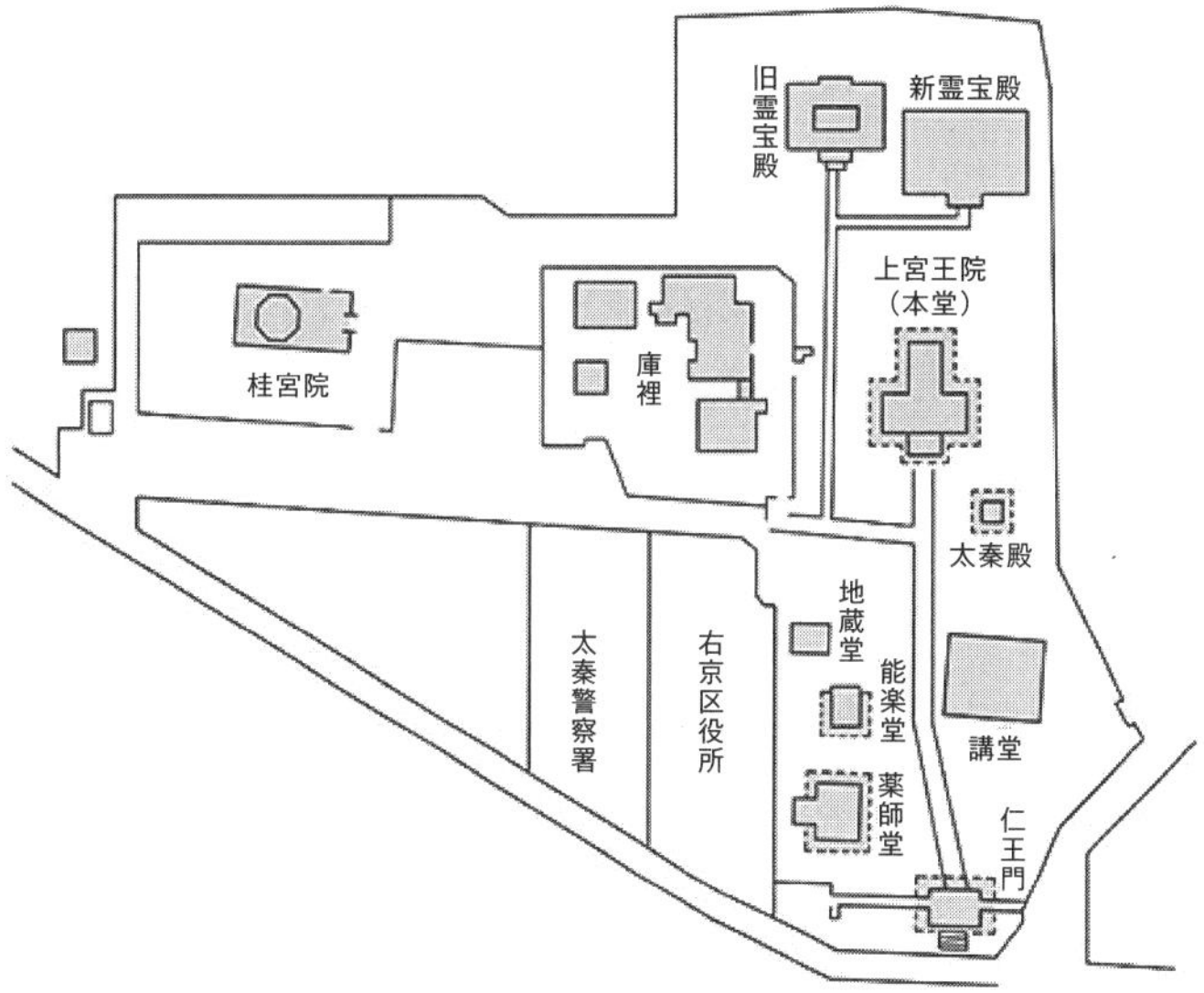

図 9-6　広隆寺境内図

の楠木正成、北畠親房は四天王寺に帰依している。北朝を支持した足利尊氏など室町幕府の武家の太子信仰は、勢い法隆寺に関わることになる。法隆寺の「隠された十字架」は、鎌倉時代中期から室町時代をとおして、三河に太子信仰の真宗高田派僧たちによってもたらされ、それが隣国尾張にまで伝わった。尾張の「イナリ」ラテンクロスは、その結果であろう。

さてそれではネストリウス教、景教と太子信仰を結びつけた張本人というか張本寺院、広隆寺はどうか。

現存する建築で最も古いのは講堂で永万元（一一六五）年の再建で永禄年間（一五五八〜七〇年）に改造された。内部天井や架構には平安時代の名残りが見える。寺の正門、仁王門も元禄一五（一七〇二）年建立。ただし太子堂、夢殿方式の八角堂、桂王院は国宝だが、建立はそう古くなさそうだ。講堂が京洛中最古といわれるからだ。広隆寺は伽藍配置に四天王寺や法隆寺のようなまとまりはない。バラバラだといっていい。ところが本堂、上宮王院の平面がラテンクロスそのままなのである（図9-6）。ただし享保一五（一七三〇）年建立である。ここには本尊の聖徳太子像が祀られている。

ラテンクロスではあるが、頭部は南で入口部分。屋根が突き出ているが壁面はなく、三方吹き放ちだ。壁面に囲まれた内部空間にあたるところは凸形になっていて、太子像が祀られている奥は深い。法隆寺も頭部は南で入口だった。また回廊全体は凸形だから、広隆寺の本堂は法隆寺の伽藍配置を建築化したともとれる。この寺の現存建築は法隆寺に比べて圧倒的に新しいが、回廊が凸型になったのは正暦元（九九〇）年だから、現存する広隆寺講堂より二〇〇年も古くはない。

本堂は太子を祀る建物である。この寺がネストリウス教、景教を太子信仰に結びつけたときに、それを祀る本堂をラテンクロスにしたのではないか。それは法隆寺の回廊が凸形になる前であろう。法隆寺がラテンクロスを回廊の中に隠し込んだのは、広隆寺本堂からえたアイデアではあるまいか。四天王寺もその可能性はあるが、よくわからない。いずれにしても広隆寺ではラテンクロスがずっと守られていたと思われる。

ここに祀られている太子像は元永三（一一二〇）年造立だから、法隆寺大講堂の再建よりも遅い。しかしこの像には、歴代天皇が即位大礼で着用した束帯を納めることになっている。現在の着衣は平成天皇のものだ。これだけの大掛かりな像だ。現在のものの前に同じ形の像があって、それを容れる建物はラテンクロスだったということはありうる。

南蛮寺は天主堂か

豊臣秀吉は大坂城をはじめ淀城、伏見城、名護屋城などの城郭、聚楽第などの宮殿、その他豪壮華麗な建築を多数つくった。いってみれば史上最高の普請趣味だった。建築の芸術性は極めて高いにもかかわらず、卑賎から這い上がったから金ピカ成り上がり趣味とされ、どことなく軽蔑のまなこでみられてきた。その点信長は違う。生まれ落ちる前からの大名だ。秀吉と同じ普請趣味でも、それを成り上がりなどと見下げられはしまい。

信長は相当の普請趣味、建築好きだったらしい。フロイスの『日本史』によれば、フロイスは信長に会うごとにそのとき造営中の建物を見物させられているし、岐阜城、安土城などを隈なくみせられている。ただ信長の造営した建物は一つも残っていないので、それがどんな形をしていたかよくわからないのが残念である。それでも安土城の城趾や岐阜城の地形特徴、フロイスの叙述などから、それなりに類推可能だ。建築史家内藤昌の安土城天主閣の復元は圧巻だが、それとは別に、建築家である私にみえてくるものがある。

それよりも注目すべきは、フロイス『日本史』に垣間見られる信長の建築意識だ。

フロイスが最初に信長に引見されたのは、足利義昭の将軍屋形造営中の建築現場だった。会見を終えると信長は、自分が天下の君のために造営した建物のすべてをフロイスたちにゆっくり見物させよ、とフロイスを案内してきた和田惟政に命じている。ヨーロッパからはるばるやってきた宣教師に、まず自分が造営した建築をみせたかった。だからわざわざ建築現場に呼び寄せたのだ。

フロイスはそれから半年もたたずに岐阜城に信長をたずねている。岐阜城下は人口一万人をかぞえたとフロイスは報告しているから、当時としては大都会だった。楽市楽座の旺盛な商業活動がこの城下で営まれていたのであろう。それで短期間に城下の人口が増えたに違いない。

岐阜城は金華山（稲葉山）山頂の城と山麓に四階建ての「天主」と呼ばれる楼閣のある建物群、屋形があった。信長はふだんは山麓に住み、珍客の時だけ山頂の城に案内したらしい。

フロイスもはじめは山麓の屋形だった。四階建てでたいへん見晴しがよく、みごとな建築とほめちぎっている。信長は一階から四階まで丁寧に詳しく案内している。信長の意図は、フロイスがこの建築をどう見るかにあった。

インドにこのような建築があるかと聞いている。この質問を含め、フロイスと三時間も歓談した。よほどこの建築の感想が気になった様子だ。

フロイスは建物の内部の豪華さに驚嘆している。信長はフロイスが建物に眼をみはっているのをみて満足したに違いない。それでもフロイスが建物に足を踏み入れたときには、貴殿に建物をみせたいがヨーロッパやインドの建築に比べて見劣りするのではないかと心配だといっている。彼には世界との比較が問題だったのである。

一週間滞在中、最後は山頂の城に案内しているが、家臣の姿はなく、二人の少年が給仕してくれた。三時間歓談したのはこのときである。二人の少年は信長の息子、のちの信忠、信雄《のぶかつ》兄弟だ。これも建築の結構をみせたいための特別仕立ての待遇だったのではないか。

フロイスが岐阜城を訪れた七年後の天正四（一五七六）年には京に教会をつくる。ヴィレラが買い求めた下京四条坊門姥柳町の住居をこわして新築した。もともと住居だから敷地は狭い。それに教会をつくるのだから、高層にするしか方法はない。キリシタンたちは三階建てを計画したが、二階まで建て方が終わってさらにもっと上に立ち上がるのを知った町民たちは、キリシタンに抗議した。抗議のポイントは次の三点だった。

天下の主信長の建てた建物でもこれより低いから貧弱に見える。まずは町民は、キリスト教を保護する信長の権威がそこなわれるではないかと信長に阿諛している。

僧侶が寺院の上に住院をもうけるのは日本の習慣にない。

上階が非常に高いので上から見下ろされるから、隣家の娘や婦人たちは庭へも出られない。

これに対して信長の代官村井貞勝は、こう反論し黙らせている。

「汝らが述べることは妥当だと思われぬ。（中略）ところで彼らが述べた第一の理由に関しては、都には（キリシタンの）教会以外に三階、四階のものより高層の建物があることを承知のはずで、（信長は）それを気にもかけず、したがってそれらを破壊させぬのである。（中略）第二の理由についての予が述べたいのは、仏僧たちが寺の上に住居をもたぬのは、彼らが非常に広大な地所を有

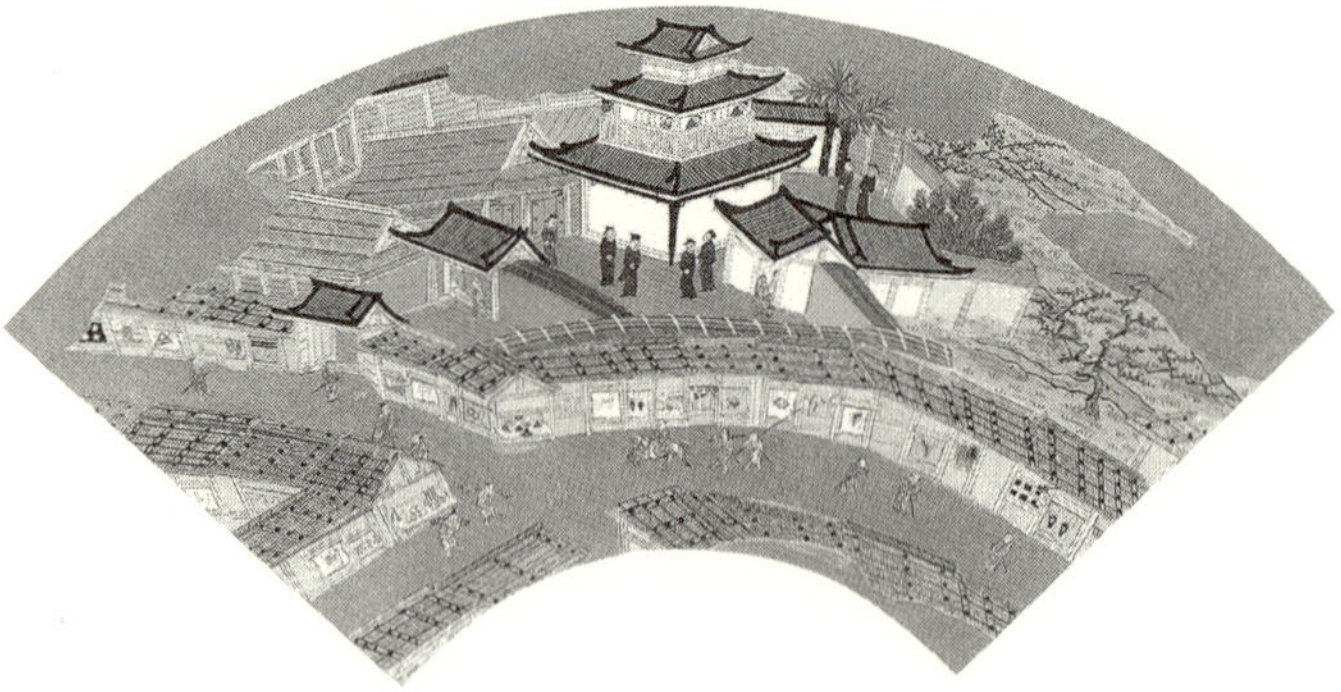

図9-7　都の南蛮寺図　安土城考古博物館蔵
復製模写（神戸市立博物館蔵）

するからである。しかるに異国の伴天連たちは、汝らの許にあって地上で拡張すべきなんらの土地も所有しておらぬので、やむなく地上へ拡張し、階上を設ける（に至った）ということだ。彼らが汝らを見下ろす結果になるという第三の理由に関しては、予は自ら（伴天連らのところに）赴き、窓の外に露台を設け、庭が近くから見えず、屋根や遠方の景色が見えるだけにするよう指示するであろう」

村井貞勝の反論は、当然、信長の意図を察してのことだ。

町民が抗議したときはフロイスもオルガンティーノも京にはおらず、修道士しかいなかったが、さっそく信長に会い、建築許可をえている。彼は信長が教会をどんな建築にすれば喜ぶか知っていた。もちろんフロイスやオルガンティーノからそれを聞かされていたからに違いない。

「最近、都に御滞在の折、殿は我らの修道院を立寄りなさるに足る別の新しくより美しく、ふさわしい修道院を建立したいと希望している」、だから建築許可を願うのだと、信長に臆せず堂々と訴えている。

そうして「被昇天の聖母マリヤ教会」、京の町民が南蛮寺と呼ぶ建物が完成し、それを描いた扇絵が残っている（図9-7）。三階建て天主閣風である。ヨーロッパ風はまったくない。一階は塗り込め壁で窓はない。二階は金閣寺などにみる手摺が四面にある開放型の亭、三階は天主閣の最上階に似て望楼風である。フロイスやオルガティーノではなくても、信長好みの建築がどんなものか熟知していた。それが天主閣風としたら、フロイスたちは何をモデルにこの建築を設計したのかはおのずとわかるというものである。

天正四年とすると安土城に信長は移ったが、仮屋形だったと考えられ、天主閣を含め完成するのは天正七（一五七九）年だから、これもモデルにしていない。三階の天主閣風というなら、岐阜城の山頂の天守閣しかない。信長が建てた山頂天守閣は江戸時代に移築されたが、享保一三（一七二八）年に焼失した。それを記憶した大工の図が残っていて、それによれば一、二階は同じ大きさの平面で、三階のみは小さくなって望楼となっている（図9-8）。一、二階は塗り込めで、大きな開口部はとられていない。扇絵南蛮寺では二、三階の平面が少しずつ小さくなっているから、上に先細りとなる。それと二階が全面開放型のせいもあって、印象としては岐阜城山頂天守閣に比べて優美、華奢である。

信長とフロイスは山頂の城で三時間も歓談したとあるが、そのとき信長はフロイスにどんな教

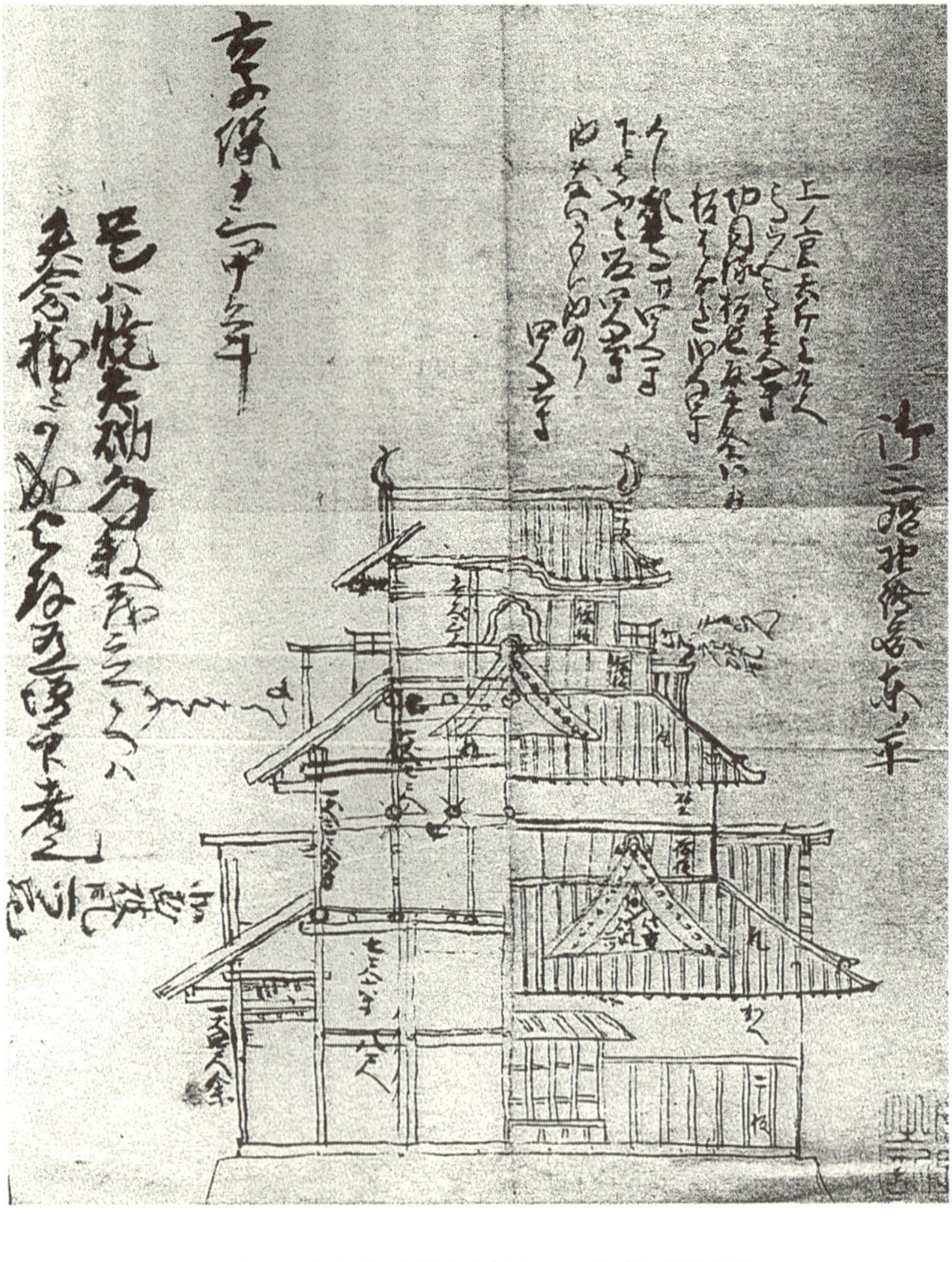

図 9-8　岐阜城天主指図（岐阜県安八郡・片野記念館蔵）

会を建てるつもりか聞いたかもしれない。フロイスは日本は木造の国、石や煉瓦の組積造りとは違うと説明して、日本風を採用するとでもいったのか。

いずれにしてもフロイスは、岐阜城山頂天守閣をモデルに京の教会を設計した可能性は高い。フロイスは心底から岐阜城に感嘆している。四階建ての「天主」と呼ぶ御殿にである。

一階には塗金屏風で飾られた二〇の部屋があり、部屋によっては釘にすら純金を使用し、さらに（柱、框などが）純金で縁取られている。前廊の外には四、五の庭があって一階は雁行型書院風御殿だったのではないか。となれば室町風御殿と変わらない。ただ柱や框などには塗金されていたであろう。

二、三、四階は楼閣風だったであろうから、形としては一階では水平線が強調され、それに四階建て搭状の楼閣が渡り廊でつながっていたであろうか。秀吉風の絢爛豪華よりは、絢爛華麗に近かったかもしれない。

フロイスたちの教会、南蛮寺の楼閣も、山頂天守閣よりも山麓「天主」をモデルにしていたかもしれない。三階建ては山頂天守閣でも華奢なところをみると、表現としてのモデルは山麓「天主」だった気がしないでもない。

「天主閣」の呼称

岐阜城山麓屋形の楼閣を、信長は「天主」と呼ばせていた。

信長は上洛した直後に、まず京、天竜寺の僧、策彦《さくげん》に会見を申し込み、実際に会った。天竜寺は臨済宗である。策彦の存在は沢彦《たくげん》から聞いたとみていい。

策彦は戦国末期の五山文学を代表する僧で、遣明船の副使、大使と二度も中国へ渡り、明の皇帝に拝謁している。信長が彼に最初に会ったのは、庵室にわざわざ訪れてだった。

天皇や将軍を見下し、まるで歯牙にもかけない傲岸不遜、傲慢無礼の典型である信長がそこまで礼を尽くしたというから、よほど尊敬していたとみていい。その策彦に、中国の名勝に関する話をよく聞いたとも伝えられている。岐阜城に招いたりしているが「天主」の命名は、信長の命により策彦が行なった。徳川幕府大棟梁、平内家秘伝書『匠明』に記されていることである。

楼閣建築は中国では古代からあり、建物に命名して額を掲げるのも中国古来の伝統。わが国の禅院でもそれにならい、一部二階の方丈を建てたり、庭園内のみどころとなる建物、橋などに命名が行なわれた。

大坂石山本願寺には「御亭」という三階御殿があったが、信長は岐阜にそれを超える四階御殿をつくって「天主」と命名させた。「天主」は天帝と同義語で、中国思想の根本をなす。

フロイスは岐阜城山頂の城でも歓待されたが、こっちの方は「天守」といわれていたかもしれない。天正七（一五七九）年に信長が徳川家康に戦況を知らせた書状に、「残るは天守のみ」と記しているからである（小和田哲夫・宮上茂隆共編『図説織田信長』より、宮上茂隆「岐阜城と安土城」河出書房新社）。宮上の岐阜城楼閣「天主」命名、策彦と信長の交流の指摘には、信長の中国への関心が強調されている。

前述したとおり、信長はジンギス汗の詳細に関する知識をこの僧からえた可能性がある。とはいえ信長の「天主」命名は必ずしも中国的意味だけがこめられていたとはいえまい。フロイスがおとずれたとき、四階楼閣はすでに「天主」と命名されていただろう。フロイス訪問以前まで、信長にとっても「天主」は天帝と同義だったかもしれない。しかし彼と三時間歓談している間に、「天主」の意味が変わったと思われる。

フロイスは間違いなく日本好きではあったが、岐阜城、特に山麓楼閣に感心したのは間違いない。私はポルトガル、インド、日本に至るまでに、こんなにも精巧で美しく清純なものはなかった。かつてみたことがないといっている。

フロイスはまた少々誇張癖もあり、おしゃべりだったらしい。三時間の歓談中、建築を激賞したのではないか。もちろんフロイスには魂胆がある。それに気付かない信長ではないが、それにしてもいい気分ではあったろう。

フロイスが岐阜にきた目的はただ一つ。京で信長の面前で日乗と宗論した折り、日乗は稚拙すぎ、まるで勝負にならず恥をかいたことは前に書いた。それを恨んだ日乗は、信長が岐阜に帰ると、ここぞとばかりキリシタンいじめをする。信長と将軍足利義昭はすでに京でのキリシタン居住、布教の許可証を交付していたのだが、日乗は信長が岐阜に帰ると天皇を動かし、京からのキリシタン追放の綸旨を取りつけ、それと彼らを皆殺しにするとまで脅迫した。ただ将軍義昭は自分も布教、居住の許可証を交付しているのだから、日乗が彼らの追放を迫っても認めなかった。

和田惟政は、義昭が大和から逃げるときに細川藤孝とともに助けた生命の恩人。惟政がフロイスはじめキリシタンを援助したが、義昭にもそうするようにと釘をさしていたせいもある。

それでも日乗はあの手この手を使い、執拗に京からの追放を迫ってくる。日乗にも信長から重用されている自信があり、何度も岐阜にキリシタン追放を訴える書状をだす。信長も面倒だったのか、朝廷に任せると返答をだす。それでフロイスはたまらず信長に直接窮状を訴えるため、岐阜行きとなったのである。信長がフロイスにいったのは簡単明瞭、すでに布教と居住の許可証を出したのだから、天皇、将軍といえどもくつがえすことはできない。

「内裏も公方様も気にするには及ばぬ。すべては予の権力の下にあり、予の述べることとみなを行い、汝の欲するところにいるがいい」とも。

三時間にも及ぶ歓談で何が話されたかは具体的記述はないが、信長がいったたった一語。フロイスが得たかったのはこれに尽きたはずである。彼が岐阜城山麓御殿を、ヨーロッパ、インドでもいまだみたことがないと激賞した記事は『日本史』にはなく、日本耶蘇会報にあるのだが、それは信長に直接いった言葉でもあろう。

フロイスは信長との歓談中に、デウスについて語ったに違いない。当然情熱的に語ったはずだ。

日乗に脅迫され、信長に会うために岐阜におもむく決心したときの心境を、書簡にして豊後の司祭に示している。キリスト受難を信じているからどんなことがおきても悲嘆はしない。私はその主（デウス）の功徳のために祈り、心の底から問題解決をしてくれる主（デウス）に取りなしを頼むのである。

フロイスからすれば、デウスにすべてを任せ、生きるも死ぬもデウスの御旨のままというのは聖職者同志では慣用句だろうが、彼は信長にもそういったいいかたをしたに違いない。この強力な支援者をキリシタンにしたいというのが彼の希望でもあるのだから、ことあるごとにデウスの恩寵を説いたはずである。その信長は、自分を日本最高権力者とフロイスに告げているのである。

信長の気持ちの中では、フロイスよ、日本ではデウスの恩寵だけでは何事も成就しない。主は自分なのだ、と思っていたであろう。君が激賞するこの楼閣を見よ。「天主」と命名させているではないか。「天主」だぞフロイスよ。ここで信長は「天主」すなわち自分自身といいたかったであろうが、たぶん彼は、そこで焦点を自分からデウスに移したに違いない。

信長はデウスの日本語訳に「天主」を使うことをすすめた可能性が高い。城郭の高楼は「天守」だった。信長が生まれる以前、十六世紀初頭頃までには「天守」なる櫓が城郭の望楼としてあったし、信長の少年時代おおいに普及していた。だから信長も家康にたいして、伊丹城の「天守」はそのまま表記した。彼にとって自分の城以外に「天主」はあってはならなかった。ところが榊原潤は『信長公記』の「天主」を現代語訳でわざわざ「天守」となおしている。これは独断にすぎる。彼は「天主」が信長の城だけに通用する言葉だったことに気付いていない。

ところで「天主教」は、ローマ・カトリック教会の日本、中国、朝鮮での呼称で、中国キリスト教史上最初の洗礼者により命名されたといわれている。一五八三年である。中国にローマ・カトリック教が伝えられたのはイエズス会のマテオ・リッチによってであり、一五八二年にマカオに到着し布教活動を行ない、翌年にはじめて受洗者をえた。その受洗者にはデウスが「天主」として伝えられていたというわけである。

日本ではフロイスが信長の岐阜城「天主」を見せられたのが永禄一二（一五六九）年だ。ここで信長からデウスを「天主」と訳すようすすめられたと考えられる。デウスが天主。これはフロイスからインドのイエズス会東洋本部に伝えられ、マテオ・リッチに伝達されたとみていいのではないか。

バロック嗅覚

安土城跡は発掘によって建物配置、石垣、大手道などの道路様態がはっきりしてきて、ありし日の安土山の土地利用形態がわかる。

安土山の高さ（比高）は一一〇メートルほどである。発掘でわかったことだが、この城の特徴は何といっても中腹まで一八〇メートル、一直線に登る大手道だ。幅七〜八メートルの階段であ

図 9-9　安土城大手道ルート図［滋賀県城郭調査研究所『図説安土城を掘る』（2004 年、サンライズ出版）所収。滋賀県教育委員会蔵］

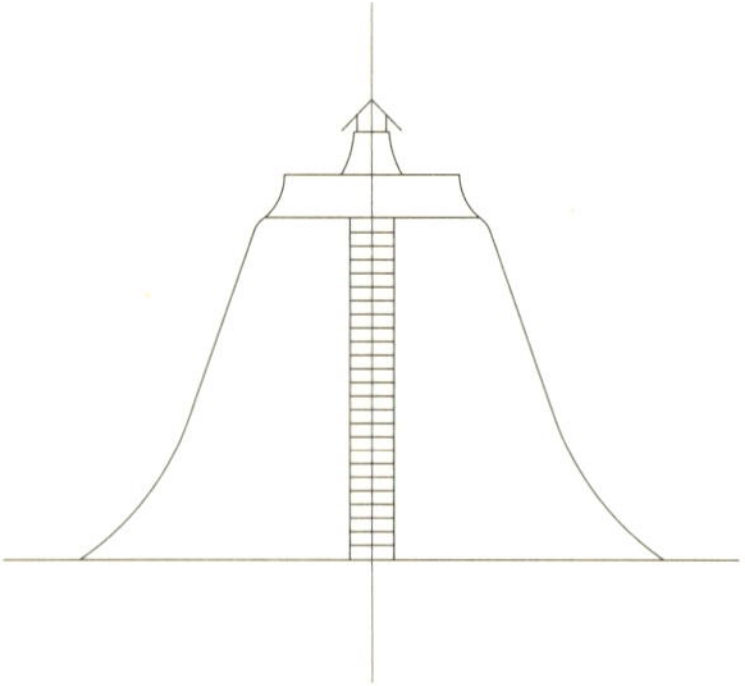

図9-10　安土城立体ラテンクロス

る。中腹で左右、東西に分かれるが山腹で東西にのびる、本丸、二の丸、三の丸の石垣で行く手をさえぎられるからである。厳密にはそうでなく、山腹で左、西に折れ曲がりジグザグ折れして石垣下まで行き、そこで左右、東西に分岐する（図9−9）。

本丸、二の丸、三の丸のちょうどまん中あたりの上部に、七重の天主閣がそびえていた。本丸、二、三の丸の建物はすべて平屋であるから、山下から見上げれば石垣とあいまって、東西に水平に延びているようにみえたであろう。その水平線のまん中に七重の天主閣がそびえていたから、大手門から眺めれば一直線に登る大手道をそのまま上に伸ばして、天主閣と重なりあう。単純に図式化するとラテンクロスにみえる（図9−10）。

秀吉の大坂城は平城だから事情が違うが、大手門から天守閣に至るには、天守閣を取り巻いて段々に下りる石垣をめぐる必要がある。ぐるぐる廻ってはじめて天守閣にたどりつけるのである。高さ一〇〇メートルほどの平山城でも、秀吉以降のものは天守閣を取り巻いた段々の石垣となっている。要は天守閣を中心に石垣が同心角状に取り囲み、それが段々と下っている。だから天守閣に登るには、下の石垣からぐるぐる廻りながら上部の石垣にと、いってみれば何重もの回

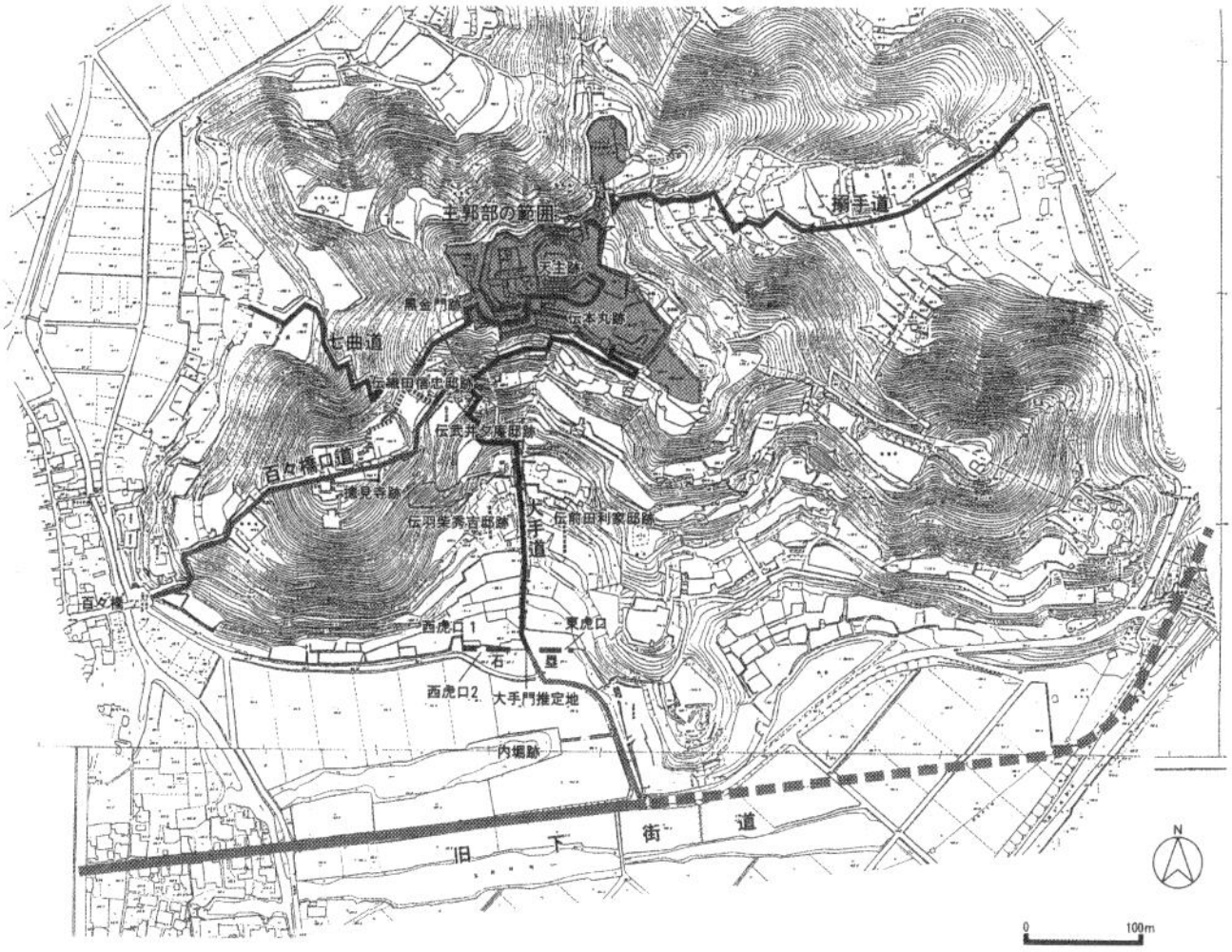

図9-11　安土城跡平面図［堀新編『信長公記を読む』（2009年、吉川弘文館）所収］

遊を繰り返さなければならない。秀吉以降の城郭は回遊式の動線だったのだ。それとは違い、安土城は一直線に登る方式だ。追手門をくぐれば一直線に上に登る大手道だし、左右、東西に石垣があった程度で、これといった防禦設備はない。だから大手門を破られたら一直線の大手道を敵が一気に駆け登ってくる恐れがある。信長には、安土城には敵一兵たりとも近づけないという自信があったのだろうか（滋賀県安土城郭調査研究所『安土城を掘る』サンライズ出版）。

信長は生涯居城を守るのではなく、出て攻める一方だったから、安土城に防禦設備など要らなかったとは思う。しかし彼の自信からこの城郭構成が産みだされたわけではあるまい。彼にとって、ラテンクロスを現出することが重要だったに違いない。それには「天下布武」の空間化も意図されていたのではないか。ラテンクロスの短軸、東西線の延長は搦手道、百々橋口道となり、外部とつながっている（図9-11）。天主は天上であり、ここから大手道を一直線に下りるから「天下」のイメージだ。短軸のそれぞれの延長線はまさに水平線イメージ「布武」である。

信長の生涯を眺めてみると、彼はきわめて理念型だったことがわかる。武田信玄との戦いにのぞんだ彼の態度がそれを如実に示している。元亀三（一五七二）年、信玄は上洛をめざして甲斐をたち、まずはじめに対戦したのが徳川家康である。

家康は信長唯一の同盟者であり、姉川の戦いでは信

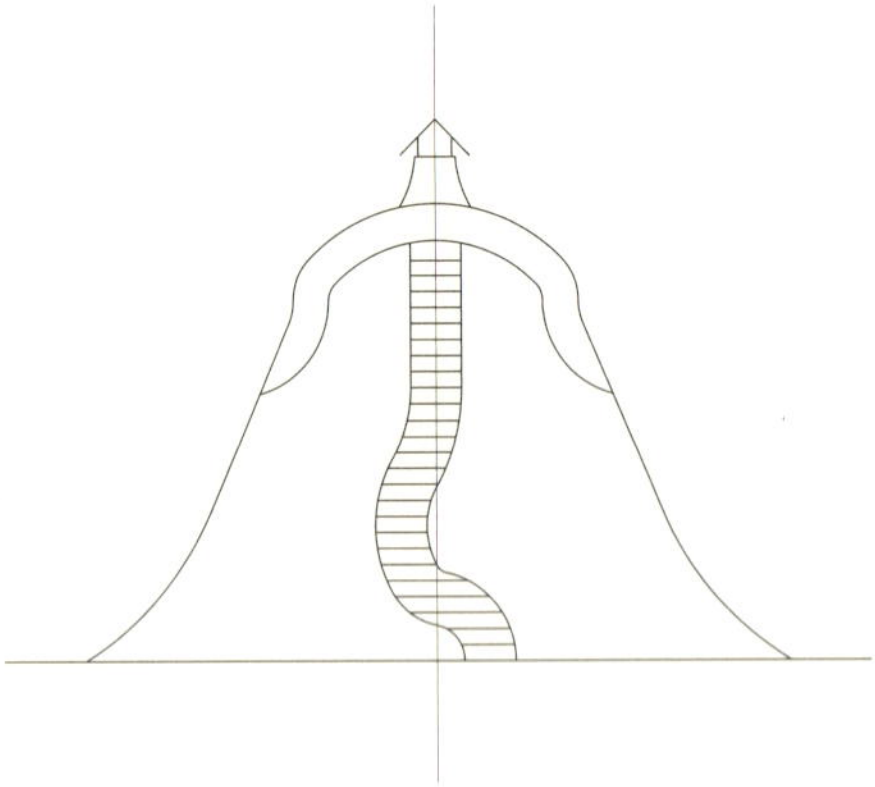

図 9-12　安土城立体ラテンクロス変形

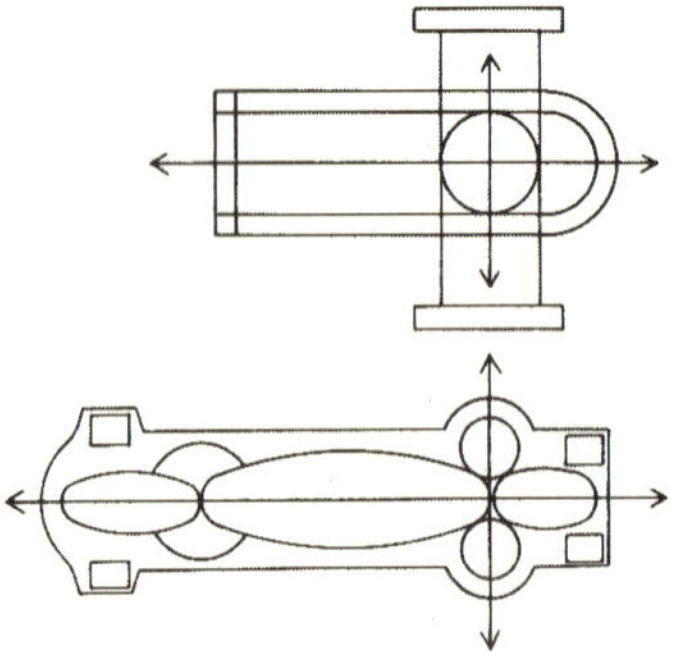

図 9-13　ラン（ゴシック）とノイマン（バロック）モデル

長軍を救う活躍をしたし、一度たりとも信長を裏切ることはなかった。信長は彼が三河、遠江を押さえてくれているから、安心して畿内以北、以西への勢力拡大に全力を注ぐことができた。その徳川家康が、戦国最強とうたわれた信玄軍に攻められるのである。もし家康が敗れれば尾張美濃も危険である。信玄の上洛も容易になる。これが当時の世評であった。

それでも信長は家康に三〇〇〇の兵を送っただけで、自分自身は京から動かなかった。彼には信玄など、ものの数ではなかった。新しい政治目標も国家像ももたない徒輩に敗れるはずがない。理念が現実に克っているのである。それでも彼には明確な目算があった。

信玄は長い距離を戦うことになる。時節到来したのだ。なんと幸運なことか。この機を逃してならないといった内容の手紙を信玄のライバル謙信に送っている。信玄は長途の出兵、甲斐、信濃からの補給もままならず、必ずや自滅するといっているのである。信長にとって謙信は戦争の芸術家として愛すべき存在であったかもしれないが、自分の競争相手とは思っていない。これに対して信玄の政治家、戦略家としての実力はそれなりに認めても、理想をもたない田舎者ぐらいにしか評価していなかったのが、謙信への手紙によくあらわれている。

この信長が、ラテンクロスを立体化した安土城を造営したのだ。彼には防禦のための城郭ではない。自分の思想を表明する構築物なのだ。安土城の空間構成を図式化すればラテンクロスであるが、実際には東西に延びる、本丸、そして二、三の丸の石垣は大手道に直交しているのではない。大手道との交点を頂点として斜面の等高線沿いに西南、東北に向かって彎曲しているのである。これを図式化するなら唐破風状になる。また大手道も一直線というのではない。南北にゆるいSの字になっている。曲線を使っているというのではないが、整然としたラテンクロスを避けている（図9－12）。

信長は四天王寺、法隆寺の隠された十字は知っていたであろう。もちろん広隆寺本堂のラテンクロスも知っていた。信長をつき動かしたのは、太子信仰でもなければネストリウス教、景教に対する信仰でもない。これにこめられた西方文明に対するあくなき興味というべきかもしれない。

信長はフロイスに、ヨーロッパに比べて自分の建築がどうかと感想を求めている。フロイスが感嘆激賞するのに気をよくしたというのではないだろうが、安土城を世界に宣伝したくて、安土城を訪れたイエズス会東インド巡察師アレッサンドロ・ヴァリニヤーノに「安土山図屛風」を贈った。城だけではなく諸侯の邸宅、城下町などを詳細に描いたものだ。正親町天皇がさかんにほしがった逸品である。ヴァリニヤーノはこれを天正遣欧少年使節団に帯行させ、ローマ法皇に献上させている。これを受け取ったローマ法皇グレゴリウス十三世は、ヴァチカン内で華々しく展示した。今はその行方は不明となっているが、この絵は狩野永徳のものである。

安土城はラテンクロスを唐破風状やS字形にして、ダイナミックな構成とした。これは建築ではバロック様式の特徴である。

ヨーロッパでは、教会の平面はラテンクロスだった。それをバロックの建築家は円と楕円を巧みに組み合わせ曲線平面にしたから、うねうねのたうつ壁面が生じ、きわめてダイナミックな表現へと導かれている（図9–13）。

絵画でもカラヴァッジョやエル・グレコ、ルーベンスなどはぐにゃぐにゃ曲る線や面を多用し、まるで蛇がのたうち回るのに似た人物像をつくりだした。ダイナミズムの現出だが、十六世紀初頭のカラヴァッジョからはじまる表現形式なのだ。

次の章で詳述するが、安土城天主閣は整形ではなく、わざわざゆがませている。これぞバロック表現といっていい。しかし、この時点ではヨーロッパはバロック表現が出現していない。出現するのは一六〇〇年頃からで、ローマのカラヴァッジョからといっていい。

ローマで有名なバロック建築家はボルロミーニで、十七世紀の人だ。それなのに信長は、安土城全体の構成でもバロックを現出している。しかもラテンクロスの変形で、のちにローマの建築家たちがしたことの先駆的試みをやってのけている。

これは信長が寵愛した画家、狩野永徳にもいえる。信長が謙信に贈った「洛中洛外図屛風」の金雲の曲線表現などバロックそのままだし（図9–14）、秀吉時代の「唐獅子図屛風」や「桧図屛風」（図9–15）の曲線、折り線、絵の具の厚塗り、べったりした濃色の面などバロックの最初の画家カラヴァッジョを彷彿させる。特に細部を省略する手法は、永徳のみならず、日本画の特徴そのものではないか。

「安土山図屛風」はヴァチカンで大々的に展示されたという。時期は一五八〇年代後半から九〇年代の前半であろう。一五七一年生まれのカラヴァッジョは二〇歳前後だ。これをみた可能

図 9-14　狩野永徳「洛中洛外図屏風　右隻」（米沢市上杉博物館所蔵）

図 9-15　狩野永徳（伝）「桧図屛風」国宝
（東京国立博物館所蔵　Image：TNM Image Archives）

性はおおいにある。

当時イエズス会の宣教師は日本に相当数きていたし、ポルトガル人商人も多数来日して商売している。これらの人々の中で、永徳や狩野派の絵をもち帰ったものもいたかもしれない。

カラヴァッジョはベルガモ近郊で生まれ、ミラノで修行した。一五九二～九三年にローマにでたといわれる。だから「安土山図屏風」をみる機会はあったといえる。そこで刺激を受けて、彼は革命的手法を開発したのではないか。とはいっても明確な証拠はまるでないのだが、永徳がローマの若い画家に影響を与えた可能性は否定できないのではないか。それほどカラヴァッジョの絵は永徳に近い特徴を示すのだ。

それかあらぬか、彼は早熟な才をみせるが、いさかい、刃傷沙汰がたえず、そして逃亡、最後はポルト・エルコレという浜で野垂れ死にする。三十八歳だった。もし「安土山図屏風」から痛烈な影響を受けていたとするなら、彼は異端者であっただろう。こんな生命の終り方もうなずけないでもない。

第10章　安土城の真実

前田家の指図

安土城天主閣は太田牛一の『信長公記』に詳しく述べられている。地下一階地上六階の七層で、五階が八角形、赤。六階が三間四方、金色で下階は白と黒というように塗りわけられている。これだけで秀吉以降のものとは違う特異な形態だったことがわかるのだが、それでは具体的にはどうだったのか。それがよくわからなかった。江戸時代からいろいろな人が復元を試みてきたが、結局わからないままだった。

ところが一九七五年ごろ、当時の名古屋工業大学教授内藤昌が、確実な安土城天守閣指図を発見し、復元した。

そのころ私は三〇代半ば、復元案に接して、これは信長のイメージを正確に伝えていると直感したのだった。復元案が正鵠をえているかどうかというよりも、私が信じる信長像がそのまま建築空間化していると思ったからである。数年して梅原猛、内藤昌が参加したパネルディスカッションがあって、私が司会したことがあった。会のあと懇談する機会があり、内藤に復元案を激賞したら、おもはゆそうな表情をしていたのを今でも鮮明に思いだす。建築史上の評価は私にはわからないが、建築作品としてならば超一級品ではないか、と。今から思うと生意気なことをいったものである。

内藤の復元案は圧巻だ。それはすでに触れた。それも彼が「天守指図」を発見したことに尽きる。彼の『復元安土城』(講談社)によりながら、まずそれを紹介しておきたい

当時、国会図書館、現在の静嘉堂文庫に、加賀藩作事奉行、同御大工の池上家からの二〇〇点の大工術に関する史料が収蔵されていることを知ったという。ほとんどは江戸時代中期以降の写本だった。その中に「天守指図」なる一巻をみつけた。指図とは「さしず」と読むが、大工が描く設計図のことである。

これを調べてみると『信長公記』とよくあう。違うところもあるが、『信長公記』の祖本というべき太田牛一が直接書いた『信長記』などで補正していくと、ほとんど一致したという。ただし『天守指図』には、どこを探しても安土城のものとは明記していないそうである。

当時、安土城跡の発掘が行なわれていて、天主閣の発掘もされており、地階の平面が不整八角形であることがわかっていた。柱の礎石がでてきて、柱割りも正確に割りだせた。これとも照会してみて、安土天主閣のものと断定した。

指図は平面が主体で東、西、南、北が書かれており、部屋割りと柱配置が描かれている。部屋

には特徴が書きこまれ、襖に竹林が描かれていれば「竹の間」といった具合である。他に、床高よりも一段高い板の間には「一段高い」などの表記がある。

池上家のこの「天守指図」も写しであって、十七世紀後半の池上右平が写し取ったものである。池上右平の手に渡るまでの経路ははっきりしないらしい。池上家は加賀藩の御大工だが、由緒正しいという。

安土城をつくった大工は岡部又右衛門だが、この岡部又右衛門は池上家の配下にあった。もともと池上家は建仁寺番匠で、信長当時の池上右衛門は、御所や将軍屋形などの京都作事奉行だった。

内藤はどうして安土城天主閣の指図が前田家の大工に渡ったかを検討しているが、三つの可能性を指摘している。その三点ともに前田利家が信長から直接、たとえば写しをもらったといったことは考えられていない。

利家は信長政権下では佐久間信盛、柴田勝家、丹羽長秀、滝川一益、羽柴秀吉などに比べたらずっと小身だった。それでも若い頃は赤母衣衆、すなわち信長の情報伝達将校の一人になっているから、可愛がられていたというか信頼されていた。天正三（一五七五）年以降は柴田勝家の目付けとなり、さらに与力として越前国府（現在の武生市）にいたが、天正九年には能登一国を与えられ、七尾城で一国一城の主となっている。このときに信長から、築城の参考に安土城天守指図の写しをもらっている可能性がある。

太田牛一の『信長公記』では安土城天主閣を詳細に叙述しているが、これは彼の記憶だけではなく、指図をみながら書いたとしか思えないほど微に入り細にわたっている。安土城普請奉行は丹羽長秀だが、牛一は信長なきあと長秀につかえ、一時加賀松任に移住している。このとき長秀が所有していたかもしれない指図を譲り受け所持していて、前田利家にさらに譲ったということもありえないことではない。

指図は内藤が表記の文字をすべて活字にしてくれているので読みやすい。これをみていて驚くことがある。

まずは地下。地下といっても石垣に囲まれているからで、じつは地上なのだ。ただ窓がいっさい取れないから、地下と同じことには違いない。その地下から三階まで、計四階分、天主閣のまん中、南北六間、東西四間の巨大な吹抜けがある。一間二メートルとして縦十二メートル、横八メートル、高さ十八メートルもあろうかというものだ。

指図だけでは平面なので高さがわからないが、一階四メートルとしても地上十二メートル、地下は六メートルほどあったと思われるから計十八メートルと想像するのだが、現在のコンクリートのビルなら四階分だ。ここが吹抜けということは、四階分床がなく、地下から地上三階の天井がそっくりそのままみえているということだ。

ヨーロッパのキリスト教会などは東西に長いラテンクロスを基本とするが、長手はまん中が高く二〇メートルも天井高があるものがある。両側には幅の狭い側廊があって二層になっている。三層の場合もあって、側廊の二、三階からは、まん中の身廊が見下ろせるようになっている。「天守指図」をみると、吹抜けをぐるりと地階から三階まで部屋が囲んでいるから、ヨーロッパ中世の教会と似た空間構成だった。ただし教会は両側二方からしかまん中の巨大空間は見下せないのに対して、こちらは四方からできる。しかも二階、三層目のことだが、ここには吹抜けの北西隅に二間四方の舞台が出張っている。舞台は三方の部屋からみられる。まるでヨーロッパのオペラ劇場だ。信長は天主閣にオペラ劇場を組みこんだとしか思えない。

三階、すなわち四層目は吹抜けのまん中に長辺方向に橋がかかっている。しかも吹抜けの四方すべてに半間の縁が取り巻いている。だから四方の縁からでもこの橋の上からでも四階分すべて見下せるのだ。こんな仕掛けのある建築は、世界のどこにもないに違いない。

オペラ劇場を天主閣に組み込んだといったが、信長の頃にはヨーロッパのどこにもできていない。オペラ劇場に代表されるバロック様式がでてくるのは十七世紀以降のことなのだ。

信長の頃はシェイクスピアの時代に重なる。信長の生存時代の劇場は、舞台を三方から囲んで桟敷があり、平土間も含んで、すべてを屋根が覆うオペラ劇場方式はまだない。舞台、客席ともに屋根が覆う劇場はあったが、二層も三層もある桟敷はなかった。

シェイクスピアのグローヴ座は六角形か八角形平面で、三層の桟敷が舞台と平土間を取り巻いていたが、平土間に屋根はなかった。これならば、日本の室町時代の能劇場と変わらない。

信長はなぜ天主閣をヨーロッパ後世のオペラ劇場風につくったのか。その意図はなんなのか。

それを問う前に、まず太田牛一が安土城天主閣をどうみていたかだ。次にフロイスはじめイエズス会の宣教師である。

復元の成果

「天守指図」のもう一つの特異性は一階、すなわち二層目の平面形が不整八角形なことである。これと柱割りの発掘結果が合致していたこと、六層目が八角形、七層目が三間四方であることが決め手になっている。「天守指図」をみれば、内藤でなくとも安土城天主閣と結びつけたに違いない。しかし史料を発見、意味づけた内藤昌の慧眼の価値が下るわけではない。

『信長公記』の「安土山御天主の次第」では、牛一がこと細かく描写している。各階の部屋一つ一つが説明され、たとえば、西の十二畳敷の部屋は狩野永徳に命じて、梅の絵を墨絵でもって描かせた。「城中どこも下から上までお座敷内の絵をかいた所にはすべて金ぱくが貼ってある（中略）隣の四畳敷きのお部屋には、棚に鳩の絵を描かせ、また十二畳敷きのお部屋には鵞鳥を描かせられた。それでここを鵞鳥の間と申している。（後略）」といった具合である。

これは二層目の描写だが、いずれにしても建物の中の絵はすべて狩野永徳。各階がすべてこんな調子なのだ。

「六層め。八角になっていて、お部屋は四間ある。外柱は朱塗り、うち柱は金ぱくである。（後略）」、「うえの七層め。三間四方で、お座敷内側は金で仕上げてある。（後略）」。

「天守指図」で特異な表現になっていると思われる六、七層めに関しては、まずその特徴をあげ、そののちは室内にこんな絵が描かれているといった調子で、他の階と変わらない。ただ最初に特徴をあげているのに、じつは建築空間的に最も特異と思われる四階分の巨大吹抜けにはまったく触れていない。ぐるりを取り巻く部屋は一つ一つ説明されているのにである。

もちろん三層目の突きだし舞台も、四層目の橋や回り縁についてもいっさい触れない。彼はここを見せられていないのか。そんなことはあるまい。上階に上るとき必ず目に入ったはずなのだ。平面構成がそうなっているのだ。なぜ彼はこれに触れなかったのか。

無視したのか。それはないであろう。太田牛一にはこの巨大吹抜けがどんな必要があってとられたのか理解できなかったし、彼の既成の建築知識では説明できなかったに違いない。もし説明しようとしたら支離滅裂になったかもしれない。それでは、フロイスなどイエズス会宣教師はどうか。

そして（城の）真ん中には、彼が天守と呼ぶ一種の塔があり、我ら（ヨーロッパ）の塔よりもはるかに気品があり壮大な別種の建築である。この塔は七層から成り、内部、外部ともに驚くほど見事な建築技術によって造営された。事実内部にあっては、四方の壁に描かれた金（色、その他）色とりどりの肖像画がすべてを埋めつくしている。外部では、これら（七層）の層ごとに種々の色分けがなされている。あるものは、日本で用いられている漆塗り、すなわち黒い漆を塗った窓を配した白壁となっており、それがこの上ない美麗を呈している。他の（あるもの）は赤く、あるいは青く（塗られており）最上層すべて金色になっている。（フロイス『日本史』）

天主閣をみたのはフロイス、オルガンティーノ、ヴァリニヤーノと修道士たちである。フロイスも基本的には太田牛一と変わらない。金、絵、色分けなど建築の装飾面に注意がいっていて、吹抜けの独創性には触れない。内外とも驚くべき建築技術によってつくられているといっているから、ひょっとすると吹抜けへの感想がこういう形で表現されているのかもしれない。吹抜けとそのぐるりを囲む部屋部屋でできる劇場的空間構成はヨーロッパでも十七世紀にならないと立ちあらわれないが、その原形はあった。先に述べたラテンクロスを初源とするゴシック教会堂の身廊、側廊、側廊上部のトリビューン、今風にいえばギャラリーである。

さらにもう一つ。ルネサンス以降だが、十五世紀以降のイタリア都市住居は中庭を囲む口型の平面をしていて、四階から六階までぐらいはあった。この中庭に舞台をつくって芸をさせ、それを四周の部屋からながめた。四周の部屋はのちに劇場の桟敷となるのだが、シェイクスピアのグローヴ座も、こんな住居型の宿屋で中庭に舞台をしつらえたものを少し工夫して劇場化したのだった。

信長は永禄十二（一五六九）年から天正十（一五八二）年までの十四年間に、宣教師たちと

図 10-1a　安土城模型［内藤昌著『復元安土城』（1994年、講談社）所収。内藤昌復元©］

図 10-1b　安土城模型［内藤昌『復元安土城』（1994 年、講談社）所収。内藤昌復元©］

三十一回以上会談しているという（立花京子『信長と十字架』）。年に三回近くであるし一回の会談の時間も長かったらしい。そこで彼はさまざまなヨーロッパ事情を聞いたであろう。その中には建築の話もあったはずだ。「安土山図屏風」を贈ったヴァリニヤーノに対しては城のすみずみまで見物するよう家臣に指示し、自分も三度も一緒にまわる熱心さで、宣教師が激賞すると、さも満足そうだったという。

ヴァリニヤーノはちょうど盆のころに安土を訪れたのであろう。安土城下町の盆をみている。信長は夜になってすべての火を消させ、一度暗黒にさせておいてから天主閣を色とりどりの提灯で飾り、ライトアップをしたのである。ヴァリニヤーノはそれを見物させられるため、滞在を何日か長くさせられている。

こうまでして信長は宣教師たちに安土城をみせたかったのである。よほど自分のしていることに自信があったのだ。

彼は宣教師たちからヨーロッパの建築特徴を聞きだし、完全に理解したうえで、独創性にみちた建物を構想し、実現させたのだ。

『日本史』は、その機微をあますところなく語っている。信長が自分の建築を見物することを執拗に要請するのにいささかうんざりしている気味なのだ。彼らがそれでも我慢して信長の要請を受け容れているのは、安土山に修道院と教会をつくりたいからだった。城下町にはセミナリオ、つまり神学校はすでにできあがっていた。

少々うんざりしたらしいが、彼らは天主閣をどう評価したのだろうか。

確かにフロイスはヨーロッパにも類例はないと激賞しているが、天主閣内部の巨大吹抜け、空中に浮く感じの舞台、回縁などについては一言も述べていないところからすれば、やはり理解不能だったのではないか。

それにしても、精密な考証を経た内藤の復元は、さすが城郭の専門家、みごととしかいいようがない。設計のプロの眼でみると、彼の力量には感嘆せざるをえない。「天守指図」には、不整八角形の地階石垣と二層目平面のうえに五層分の塔をのせていることを明白に図示してある。これを造形的にまとめるのは容易なことではない。下が不整形、上が整形である。まこともってアンバランスなのだ。

下が不整形平面なのに上に整形平面の塔状の部分が立ち上がっているビルをよくみかけるであろう。屋根が水平ならば問題がない。ところが木造建築である。傾斜屋根をかけなければならない。形がととのわないものだ。それを内藤はじつにみごとにダイナミックな造形に転化している。

これ以上は専門的すぎるので踏みこまないが、彼の解決策は信長が安土山に現出した立体ラテンクロス、バロック化の方式を建築表現へと導くことになった（図10–1）。

要するに彼が案出した不整形、整形平面の斉合によるダイナミズムは、建築表現のバロック化を顕現している。

ということなので、彼の復元案は安土城天主閣の真実に迫っているとみてまずまちがいはない。この復元案をとおして、信長の心理にまで分け入ることができるのである。それは「天守指図」では空間用途を明示していない建物中心を吹き抜けと断定したことも含めて、いえることである。これぞ最大の復元成果であろう。

鎮座する盆山

内藤昌の安土天主閣の復元によってわかったのは、不利な条件を克服して逆に思いもよらない好結果に達するということであった。不整八角形の二層目平面の上に整形五層の塔をのせるのだが、形を斉合させるさまざまな工夫がダイナミックな表現を産みだした。

これは信長の生涯を象徴している。圧倒的に優勢の今川義元の攻撃を受けるに決まったときに、降伏せずに立ち向かう。勝利のために奇襲作戦を敢行、大勝利をえたこと。

叡山延暦寺の妨害で浅井、朝倉連合軍を伐ち破れず苦労したが、叡山焼き討ちでその障害を除去した。とはいえ叡山は聖所、学問所、日本人の心のよりどころである。これを焼き討ちし僧俗皆殺しにしたらどんなことが起こるかは予想できたはずだ。

当時の心ある人々は信長の行為を蛮行と思ったはずだし、武田信玄は天魔の所行とののしっている。将軍足利義昭は、信玄はじめ毛利、浅井、朝倉、石山本願寺などを糾合し、反信長包囲網を形成し、信玄に上洛をうながした。

信長は自ら好んで窮地におちいったのだ。わざわざ好んで悪条件をつくりだし、それを克服すべく工夫をこらす。その結果、戦国最強軍団とうたわれた武田騎馬軍団を破るため、馬防柵と三段構えの射撃方式を編みだし大勝。さらに戦国最強と目された瀬戸内海海賊の毛利水軍にたいして鉄甲艦、つまり鉄張り軍艦だが、それを六艘建造、毛利水軍をみごと撃沈、大勝利。

この二つとも世界戦争史上最初の試みとされることだが、信長はわざわざつくりだした悪条件を、こうした工夫によって克服したのである。安土城もことさらに急斜面で、さして広くもない安土山を選びとり、この悪条件を逆手にとってラテンクロスの立体化と、ダイナミックな天主閣を産みだした。
信長だけではない。権力者がつくりだす建築はその人物の思想、世界観を如実に示すものである。安土城天主閣でもう一つ特筆すべきは、計四層分の巨大吹抜けである。着想の発端はイエズス会宣教師から聞いたヨーロッパの教会堂であろう。これは内藤昌も指摘している。
ヴァリニヤーノが日本で教会をつくる際の心得を一〇項目あげているうちの一つ。

第八、天主堂は、我がヨーロッパの慣例を保存するように造られ、礼拝堂は長くして、日本人がその寺院を造るに慣わしとするような横幅があってはならない。何故なら、天主堂の形式には、それ（日本の寺院）を真似るのは面白からず、蓋し彼らの（寺院）は悪魔の殿堂であり、我が会堂は神のそれであるから。然しその他には、礼拝堂の両側に幾つかの座敷を設け、必要なときは戸口を別にして、ことごとく一体となる（即ち仕切の戸、障子を外して一広間となる）ようにし、また諸侯や夫人連（に）も、それらの座敷のうちに放たれて奥まった座敷がなくてはならない。（内藤昌『復元安土城』所載、ヴァリニヤノ「日本の風俗と気質とに関する注意と警告」）

礼拝堂を長くしてとは、ラテンクロス平面の長軸が礼拝空間となるカトリック教会堂を意識してのことだ。礼拝堂の両側に座敷を設け、とは側廊が意識されている。

図 10-2　ゴシック教会内部（Louis Crodecki,
Gothic Architecture, Harry Abrams）

図 10-3　安土城模型断面［内藤昌著『復元安土城』
（1994 年、講談社）所収。内藤昌復元 ©］

ゴシック教会堂の礼拝室は極端に天井が高い。礼拝空間、身廊の両側には二階分の側廊があるが、礼拝空間の半分ほどの高さだ。だから礼拝空間の両側壁は側廊より上は外部に直接面する。側廊を超えた外部に面しているところに窓が連続してとられている。それがよく知られているゴシック教会堂の高窓である（図10−2）。

信長はゴシック教会堂の特徴をはっきりと理解していたであろう。巨大吹抜けは内藤昌が指摘しているとおり、ゴシック教会堂がモデルではあろう。しかしそれだけではない。

彼は天主閣のまん中に礼拝空間をしつらえる気はなかったはずだ。むしろ劇場を抱え込むことを考えた。だから舞台を巨大吹抜けに張りだし、宙に浮かせてある。当然、自分を主役とする劇がこの空間で演じられることを意識している。

ただゴシックの教会堂の礼拝空間には高窓があって、ステンドグラスをとおして七色の光が降りそそぐ。ところが安土城天主閣の巨大吹抜けは、各階とも四方を部屋で囲まれて外光が入ってくる余地はまったくない（図10−3）。だからこの巨大吹抜けは闇なのである。彼はわざわざ城の天主閣のまん中に巨大な闇を現出させてみせたのだろうか。もしそうならなぜか。

それを問う前に、巨大吹抜けに外光を取り入れる方法が見つからなかった可能性もあり、検討してみる意味はありそうだ。

巨大吹抜けは前述したとおり劇場なのだ。そのモデルはシェイクスピア劇場の原形になった、中庭に舞台を設けそれを口型に客室が囲む宿屋の仮設劇場に違いない。

六層目は八角形平面であり、赤が塗られていることだ。八角形は聖徳太子、夢殿と同じで、太子堂を意味する。信長は太子が日本のキリストで、ネストリウス教、景教とつながり、太子の太刀は隠された十字架だったことも知っていた。それに安土山につくられた唯一の寺院、摠見寺二階には太子像が祀られていたのである。

摠見寺は安土山の建物の中で焼けずに残ったものの一つであり、江戸時代に刊行された『近江名所図会』に伽藍全体が描かれている。その説明として二階に太子像が祀られているとある。

このことからしても、六層目の八角形平面は太子堂だったはずだ。さらに地階には巨大吹抜け中央に法華経が納められている宝塔が鎮座している。法華経と聖徳太子は切っても切れない縁にある。

下部に法華経宝塔、上部に太子堂という構成で表向きは仏教とかかわるから、その中に挟まるのにキリスト教礼拝堂をモデルにするはずがない。着想のモデルになっていたとしてもだ。

しかしその太子堂ですら、上部に望楼をいただいている。望楼の主人公はもちろん信長自身に違いない。聖徳太子よりも自分の方が上位。そう、最上位なのだ。それは色にもあらわれている。太子堂は赤、赤は夏、火を象徴し、盛んなことをあらわす。望楼は金だ。金は世界の中心、地を象徴するから、赤よりも上位の色だ。

自分は世界の中心、金。太子は赤。その下には暗黒、巨大吹抜けがある。これが何を象徴するのかは推測できないが、下界を象徴するのは間違いあるまい。下界は闇。そこに法華経の宝塔をおいて衆生を救いだす。という構図だろうか。いずれにしても、信長自身は天上の存在なのだ。

フロイスはそんな信長の姿を如実に伝えている。「信長がその富、権力、身分のために陥った大いなる慢心と狂気の沙汰について」で、信長はキリスト教を保護してくれてありがたいと思っていたら、デウスを超えた神になってしまったと歎いている。「自分が単に死すべき人間としてではなく、あたかも心的生命を有し、不滅の主であるかのように万人から礼拝されることを希望した」し、「自分にまさる宇宙の主なる造物主は存在しない（中略）彼自身が地上で礼拝されることを望み、彼、すなわち信長以外に礼拝に価する者は誰もいないというに至った」のだった。それで彼は摠見寺を建立して、ここに参詣すれば富者はさらに富み、貧者も裕福になる。子孫に恵まれ、八〇歳までも長生きし、健康であり、疾病はなおるなどと御利益を強調する。自分の誕生日を聖日にするから当日は参詣せよと触れ書きした。

諸国から数々の偶像を摠見寺に集め、祭壇に並べさせ、その上部、一番高いところに盆山と呼ぶ石をおき、最高御神体とした。信長の誕生日にはこの御神体を礼拝しにくるよう諸国に触れた。盆山とは信長自身を象徴する御神体というわけだ。

こんなさまをフロイスは「彼が陥っている闇はあまりに根深く、これほどの光りも彼にいくぶんなりとも悟りの眼を開かせるに足りなかったのである」と評している。

これほどの光とは、天正一〇（一五八二）年、信長は甲斐の武田氏を滅ぼしたが、それはデウスの恩寵だということだ。フロイスはそう思っているのだ。信長には余計なお世話であろう。

フロイスのいうように信長のしたことが狂気の沙汰ならば、安土城天主閣巨大吹抜けの闇は、信長自身が抱える闇の象徴だったのだろう。

日本の法皇庁、巨大な闇

一五八四年十二月の書簡に、フロイスは信長に抱いた不満を述べている。信長が本能寺で倒れて二年以上のちのものだ。イエズス会員は天皇に謁見したいと思っていたが信長が妨げたという。何度も信長に贈り物をもって天皇を訪問できるよう取り計らってほしいと頼んだ。しかし信長は受諾しなかった。彼はいうのである。

自分のいるところでは他人の寵をうる必要はない。なぜなら「予は天皇であり、内裏である」からだと、信長はさも不快そうにフロイスにいった。信長が生きている間は、この希望は達成できないと諦めた。

フロイスたちは布教の許可証を天皇から得たいと思っていたという。信長や将軍だけでは頼りなく思っていたらしい。ここで問題なのは、信長が自分を「天皇」だと思い上がっていたといった卑近なことではない。

「予は天皇、内裏」という信長の意識は安土城にもはっきりと表現されている。天主閣は最も高いところにあり、「御幸《みゆき》の間」のある本丸は一段低い場所に建てられた。「御幸の間」であるから天皇行幸のための建築だったわけだ。ここに行幸した天皇と会うのに、信長は天主閣から下りていくのである。明らかに天皇を見下している。

「天守指図」には本丸に下りていく階段が明記され、それは「御幸の間」につながる廊下と結ばれていた。天皇などまるで臣下扱いの空間構成だったのである。フロイスたちイエズス会員の意識とは違っていたのである。

信長時代には天皇にはほとんど実質上の権限はない。信長の許可証があれば、布教になんの支障もなかったはずである。ただ信長の支配領域以外、たとえば九州、中国、四国地方などでは、天皇の許可証が有効だったであろう。

イエズス会では日本伝道以来、中国、九州地方で盛んだったから、天皇の権威がほしかったのかもしれない。しかしそれだけではあるまい。安土城完成後の信長の勢いからして、彼の全国制覇も時間の問題であり、数年かせいぜい十年ほど我慢すれば、信長発行の許可証は全国どこでも権威を発揮するはずだった。全世界をまたにかけて布教に従事する彼らに、それくらいのことがわからないはずがない。それなのに天皇の許可証にこだわったのは、彼らの天皇認識にあったのではないか。

彼らにあっては天皇は「法皇」であり、信長は「国王」だったのだ。これはイエズス会成立にかかわる世界認識の問題だ。

十六世紀にはルターやカルヴァンが出現し、新教をおこし、カトリックのローマ法皇の権威はがたおちしていた。といってもヨーロッパ全域では依然としてカトリック、旧教勢力が強く、新教はドイツやその周辺の一部にしか広まっていなかった。

イエズス会の創始者はイグナティウス・ロヨラである。スペイン生まれの軍人だったが、一五二一年のフランス軍との戦いで瀕死の重傷をおい、信仰に目覚めた。それでパリにでてパリ大学に入学、そこで神学を学び学位をうる。彼は旧教復権をめざしてイエズス会を創設し、ザビエル、ライネスなどパリ大学出身の俊才たちを傘下に集めた。

彼らの理想は法皇を頂点に整然と組織された教会を復活させることである。旧教を否定したルター、カルヴァンの新教に対する反宗教改革だったのである。彼らが特に強調するのは法皇の権威。「法皇無謬説」だ。

この法皇が国王を任命するのであって、その逆であってはならない。しかしイギリスではすでに法皇の傘下をはなれ国王が逆に大司教を任命する国教会が成立していたし、ドイツなど新教を奉じる国々の国王は、法皇の傘下からはなれ自立しはじめていた。フランスでは旧教派である貴族と新教派の国王が対立し、内乱が三〇年以上も続くありさまだった。

イエズス会にあっては法皇の権威が絶対。日本にきたフロイスはじめイエズス会の面々もその意識の権化。その眼で日本をながめたら、天皇は法皇で信長は国王だったはずだ。彼らの世界認識からすれば、日本の真の支配者は天皇でなければならなかった。こう認識した上で、彼らは天皇にキリスト信仰を植えつけ、日本の大司教にさせ、整然とした教会組織を作り上げようとしていたのではないか。

ただそれは信長には通用しないことも彼らにはわかっていた。なんといっても信長は彼らの最高の保護者なのだ。これに逆らうことはできない。信長が彼らを保護したのは、仏教の堕落に対する怒りがあって、それを糺すためには純度の高い信仰集団を称揚し、仏教から信者を奪い、目を覚まさせようとしたからであろう。それとヨーロッパの知識をえたいという強烈な欲求。だから時間的余裕さえあれば宣教師を呼び寄せ、ヨーロッパ事情を熱心に聞いた。

ところが彼らが語るヨーロッパ事情は、客観性の高い歴史事実ではなかったであろう。どこまでも彼らが理想とするローマ法皇を頂点とする教会が中核となるヨーロッパであり、法皇と国王の対立、法皇の権威の失墜などは語られなかったに違いない。実際のヨーロッパ。フランスでは信長時代より八〇年ほどのちには、ルイ十四世の絶対王制が到来するのである。

信長がめざした王権の絶対化が、彼の死後八〇年にしてようやく実現するのであるから、信長の先見性は政治上でも目をみはらざるをえない。馬防柵と三段構え射撃の現出や世界最初の鉄甲軍艦の建造などにみる戦術、バロック表現の創造だけが世界的先駆性だったのではなかった。政治でももうちょっとで実現されるところまで、その先見性は到達していたのである。

そのことをフランスを例にとり、簡単に触れておく。

ヨーロッパ中世は、ドイツやフランスといった国々に国王はいたが、任命権は法皇が握っていた。各国王はたいていは土着であり、俗権を法皇からゆだねられる形であった。法皇は軍隊をもたないから民の直接支配権があるわけではないが、民の信仰が強固な時代だから、法皇と教会は絶対だった。

しかし権威にあぐらをかいている間に、法皇も教会も堕落する。罪をおかしても免罪符を金で買えば罰をのがれることができた。地獄の沙汰も金しだいになったわけだ。こうなれば最初に教会からはなれていくのは知識人であり、彼らはキリスト教の前の時代のヨーロッパ、特にギリシア時代の人間讃歌を復興することを志す。イタリアに興ったルネサンスだ。

ダンテの『神曲』はイタリア語で書かれたが、それまでは教会の公用語ラテン語で書かれないものは権威がなかったのである。イタリアの俗語で書かれた物語、詩。まさに教会からの精神的離反だ。これから一〇〇年もたつと、法皇も教会もさらに堕落してしまい、免罪符を乱発するようになる。これに反撥したのがルター。ちょっと遅れてカルヴァンだ。

フランスでは十六世紀になると新教を国王が支持、旧教を貴族たちが支持して激突。内乱が三〇年以上も続く。一五六五〜九八年までのユグノー戦争（「ユグノー」とはカルヴァンの新教に対する蔑称、カルヴァン派新教と旧教との間歇的に行なわれた戦争）である。日本では信長、秀吉の時代だ。国王が新教を支持するのは当然。法皇の傘下からはなれ、自由に国民を支配できるからだ。一方貴族は国王支配が強まれば自分達の領民支配権が低下する。国王の上の存在である法皇を支持するのは、こちらも当然。ただ国民のほとんどは旧教を信仰している。フランスは旧教国なのだ。この戦争には、パリ大学出身者を中核として創立されたせいか、イエズス会も関与している。

フランスを統治しようとすれば国王は旧教側に立つ必要があり、ユグノー戦争終了は、国王が旧教に改宗したからだった。これ以後、王権が少しずつ強化され、一六六一年に太陽王ルイ十四世の親政がはじまる。ルイ十四世は一六四三年に父ルイ十三世が死去したときはわずか五歳の幼児。母親アンヌが摂政となり、ほぼ十八年間それが続いたことになる。

フランスでは内乱がおさまって王権がしだいに強くなるが、それを支えた優秀な臣が二人続いて出現したからだ。宰相リシュリューと、ルイ十四世の親政まで活躍したマザランだ。

ルイ十四世の治世になると、法皇の権威などまるでなくなって王権が絶対になるのだが、信長にヨーロッパ事情を説明したフロイスたちの時代は、まさに新教と旧教が激突している時代である。フロイスたちはその事実を信長に教えたはずはない。それでも信長は直感で、王権が強化されつつあることを察知していたかもしれない。

天正一〇（一五八二）年、信長の「狂気の沙汰」を書いたなかに「日本六十六ケ国の絶対君主となった暁には、一大艦隊を編成してシナを武力で征服し、諸国を自らの子息に分ち与える考えであった」とある。やはり秀吉との約束はあったのだ。

これは信長のフロイスたちに対する脅しでもあろう。お前たちの法皇でもその気になればやっつけてしまうぞという意味がこめられているに違いない。当時の中国、明は世界一広大、最強の国、それを征服するのであるから。

信長には法皇の権威が喧伝されすぎた。彼は一向一揆と凄惨な戦いをくり返しているうちに、宗教の強さを実感したはずだ。なれるものなら自分も教祖になり俗権を支配してみたい、ローマ法皇みたいに、と思った。だからフロイスたちが絶対化するローマ法皇すら潰してみせると、暗に脅してみせたのだ。信長の絶対君主への道の方がヨーロッパがこれから進展していく歴史展開の方向だったのに、信長はついフロイスたちの言葉を信じた。ローマ法皇すら超越する神になろうとしたのだった。そして安土城を、全世界を支配する法王庁として考えたに違いない。これは彼の最大の誤謬だった。

誤謬とはこういうことである。信長は明智光秀の謀叛により本能寺であえなく果て、その真相はいまだ謎である。フロイスなどの宣教師に法王庁を教えられ、それを目ざしたが、文化はヨーロッパに先んじてバロックの様相を呈していた。というよりも、信長自身がそうなるよう演出してみせた。ヨーロッパは法皇が支配する中世から、ルネサンスを経てバロックへと人間中心主義に移りつつあった。それなのに信長は、一足先にバロックを演出しておいてから、ルネサンスを飛び越えて中世に時計の針を逆にまわそうとした気配が濃厚だ。それはやはり天が許さなかった、といえないだろうか。

信長の死が歴史による断罪だったとするなら、やはり安土城天主閣が抱えていた巨大な闇が問題になる。

巨大吹抜けに外光を入れられなかったのは、ヨーロッパのカトリック教会堂の空間方式を日本に移入する技術を開発できなかったからか。もしそうなら、フロイスたちの説明するヨーロッパ事情も事実から遠かったに違いないので、それを自分の理想として失敗したことと重なる。ことはそう単純ではあるまい。

巨大吹抜けの闇にも日常、燈明が灯されていたであろう。宗教空間ではなく、信長自身が政治劇を演じる劇空間であったのだから。彼はフロイスたちにこの空間をみせることによって、ヨーロッパの闇に火を灯してやるのだと誇示したともとれる。新旧両勢力の激突ぐらいは感づいていたかもしれない。そのぐらいの直感力はそなわっていたのではないか。それでも彼は歴史に断罪された。やはり彼自身が抱えていた闇、中世の闇というべきかもしれないが、それが大きかったのだろうか。

安土城天主閣の巨大な闇はその象徴だったのかもしれない。それも、一歩踏みあやまれば遥か下にまっ逆さまに転落してしまう危険を孕む空間だったのである。

あとがき

小学生のころ、父が兄のために買っておいた講談社絵本『たいこうき』を愛読した。戦前のものだったが、今から思っても色彩豊富な豪華本だった。それ以外にも『かとうきよまさ』とか武者ものが結構あった。年齢より幼稚だった私でも秀吉ファンになり、中年近くまで変わらなかった。ただ大学をでるころに信長に関する小説や歴史書に接するようになってからは「天才」が気に入り、秀吉と同程度に関心を深めていった。

秀吉に関しては特殊技術者集団の統領として『異人・秀吉』を書いた。華々しい面よりも暗部が気になっていたのだ。日本史の暗部から突然跳びだしてきた異人、それが秀吉ならば、彼を野から拾いあげ、その才能を最大限に発揮させ活用、優遇した主君信長はどこから出現した存在なのか、とんと見当もつかなかった。

信長の天才は日本の歴史上の人物としてはまったく異質、また破格。あの徹底した合理主義は現代日本人にすらみられないのではないか。間違いなく異人を越えた何者かだ。

二〇〇〇年すぎたころから先祖の出自が気になりはじめ、まず安倍氏に照準を当てた。わが家は安倍貞任の子孫だといい伝えられてきているからだ。どっちみち貧相な家であり、とりたてて調べてみるほどのことはないのだが、私自身、自分がつくる建築が他の日本人建築家とはまるで異質で、それはなぜなのか、疑問だったからだ。

はじめは生まれ育った秋田県が「縄文」だからとも思い、縄文の血なのかもしれないと考えていた。しかし縄文・弥生だけでは割り切れない自らの個性を強く自覚するにつれ、私はどこからきているのか、それを探してみたくなった。父は白人とみまごう顔立ちであり、自分でも先祖はそうだったのではと、口ぐせのように言っていた。しかし、私の個性は白人のものとは違う。

安倍氏を探っているうちに、蘇我、秦両氏と安倍氏が手をたずさえて、ユーラシア大陸から北海道か北東北に渡来していたことがわかってきた。安倍氏に関しては『安倍清明〈占いの秘密〉』で深層の入り口までたどりついた。蘇我氏は本書でも言及したとおり、真相に肉迫できたと確信している。残りは秦氏だった。

信長の「漆塗りドクロ」の秘密、これが解ければ彼の天才がどこから出てきているか解明できるに違いないとは前々から考えていた。

これがトルコ民族など騎馬民族の風習と知ったのは、実は安倍氏の探索をしているときだ。ただ私のどこか相当深い奥の方から、信長の肖像にトルコ民族を重ねるのは無理という声が聞こえてきて仕方がなかった。

いきあたったのが秦氏というわけだ。秦氏が月氏か大月氏ならば、アフガンかカザフスタンが原郷。このあたりを旅したことがあり、住民がモンゴロイドと白人の中間、というよりモンゴロイドの方が強い印象だった。信長の肖像画も、鼻梁が高くとおり端正ではあるが、モンゴロイドが強くでている。トルコ民族はどうも白人に近かったらしい。五、六世紀中国の北朝北魏に関する史書を読んでいてもそう記している。

肖像画で決めたわけではもちろんない。しかし一見素朴なようでも、旅して歩いた直感はそうバカにしたものではない。それよりも何よりも、文献にしがみついていると視野が狭くなってしまう危険性がある。また考古学的証拠といっても、それほど証明力があるというわけでもない。世界にはエジプトのピラミッドをはじめ歴史建造物が散在している。建築は、各時代にその場所に居住していた民族の思想を如実に伝える。だからそれを見れば、文献以上に真実に肉薄できる。

信長の建築は残っていないが、摠見寺は江戸時代の絵があり、ある程度復元はできる。安土城も発掘で礎石がでてきていて、それなりの復元は可能だ。

ただし私は建築家ではあっても建築史家ではない。復元は専門家に任せるとしても、信長が秦氏なら彼が抱いたに違いない建築イメージは想像できる。それを起点に「天才」の真相に踏みこんだつもりである。

さて悠書館の長岡正博さんに信長を書いてみないかといわれ、専門家ではないなどと尻ごみはしなかった。年をとっても無鉄砲なのである。天才は誰にでも書けるものではないと自負はあったが、それでも長岡さんにはご苦労ばかりかけているし、かけてきた。感謝しています。

二〇〇八年十一月初旬

渡辺豊和

渡辺豊和（わたなべ・とよかず）

1938 年　秋田県角館町に生まれる。
1961 年　福井大学工学部卒業。
1970 ～ 2008 年　渡辺豊和建築工房主宰。
1981 ～ 90 年　京都芸術短期大学教授。
1991 ～ 2007 年　京都造形芸術大学教授。
現在、同大学名誉教授、工学博士。
2004 年　イワクラ（磐座）学会設立。

❖主な建築作品

西脇市立古窯館、豊岡市立八条小学校体育館および八条公民館、対馬豊玉文化の郷（文化会館・公民館・郷土館）、秋田市体育館、和歌山県龍神村体育館（昭和 62 年度日本建築学会賞受賞）など。

❖主な著作

『芸能としての建築』（晶文社）、『縄文夢通信』（徳間書店）、『天の建築、地の住居』『発行するアトランティス』（いずれも人文書院）、『神殿と神話』『天井桟敷から江戸を見る』（いずれも原書房）、『大和に眠る太陽の都』『和風胚胎』（いずれも学芸出版社）、『建築のマギ（魔術）』（角川書店）、『異人・秀吉』（新泉社）ほか多数。

バロックの王 織田信長

2009年5月15日　初版発行

著　者　　渡辺豊和
装　幀　　桂川　潤
発行者　　長岡正博
発行所　　悠書館

〒113-0033　東京都文京区本郷2-35-21-302
TEL 03-3812-6504　FAX 03-3812-7504
http://www.yushokan.co.jp/

印刷・製本：シナノ印刷

ISBN978-4-903487-29-8

定価はカバーに表示してあります